基于跨文化交际的英语教学研究

陈 夺 著

全国百佳图书出版单位 吉林出版集团股份有限公司

图书在版编目（CIP）数据

基于跨文化交际的英语教学研究 / 陈夺著. -- 长春：吉林出版集团股份有限公司，2021.8
ISBN 978-7-5731-0364-2

Ⅰ.①基… Ⅱ.①陈… Ⅲ.①英语-教学研究-高等学校 Ⅳ.①H319.3

中国版本图书馆 CIP 数据核字（2021）第 172725 号

JIYU KUA WENHUA JIAOJI DE YINGYU JIAOXUE YANJIU
基于跨文化交际的英语教学研究

著：陈　夺
责任编辑：朱　玲
封面设计：雅硕图文
开　　本：720mm×1000mm　1/16
字　　数：200 千字
印　　张：11
版　　次：2021 年 8 月第 1 版
印　　次：2021 年 10 月第 1 次印刷

出　　版：吉林出版集团股份有限公司
发　　行：吉林出版集团外语教育有限公司
地　　址：长春市福祉大路 5788 号龙腾国际大厦 B 座 7 层
电　　话：总编办：0431-81629929
印　　刷：吉林省创美堂印刷有限公司

ISBN 978-7-5731-0364-2　　　定　价：58.00 元
版权所有　侵权必究　举报电话：0431-81629929

前　言

语言与文化之间存在密切的关系，在语言中可以窥见文化的含义。因此，学习英语一定不能抛却英语文化的学习，否则学生学习的英语在交际实践中就会出现很多问题。语言教学离不开文化，在英语教学中，文化发挥着重要的作用。英语教学除了教授学生基本的语言知识以外，教师还应该从文化方面进行英语教学，可以帮助学生充分了解英语文化信息，使学生理解中西方在文化方面的差异，从而掌握英语国家的文化内涵，从而进一步培养学生的跨文化交际能力。

世界各国之间的文化都存在一些差异，文化的多元化使不同地区的人们不断地接受来自其他国家的文化。不同文化背景的人在沟通和交流时形成了跨文化交际，这要求交际者对不同的文化有所了解，否则就会造成文化失误。面对不同的文化，交际者如何处理文化差异，如何理解不同文化的差异，这是跨文化交际比较重要的问题。在当今时代，由于信息技术的发展，人们的跨文化交际已经变得越来越频繁和容易，而跨文化交际能力也成为日常交际的重要能力之一。在英语教学中，教师对学生基本的英语能力——听、说、读、写、译等五个方面进行培养。随着我国英语教学水平的提高，人们的英语水平也在逐渐提高，但是在与英语国家的人们进行交际时，也存在着一定的交际障碍。归根结底，其原因是我国的英语学习者对英语国家的文化不够了解，也就是不具备较强的跨文化交际能力。这就对我国的英语教学提出了更高的要求，因此，教师应该结合我国的英语教学现状，在教学中增加文化方面的知识，使学生提高对英语文化的了解程度，进而增强其跨文化交际能力。

本书从跨文化交际的角度对英语教学各方面的内容进行了具体分析。首先，简单分析了跨文化交际的基本内涵、英语教学的要求与目标，引出英语教学的原则。介绍了英语文化教学中的基础理论以及英语文化教学中存在的问题与改进路径，对英语文化教学的建构进行了全面分析。其次，从听、说、读、写、译等五个方面对跨文化交际下的英语教学进行了重点论述：英语听力教学方面涵盖基础知识、目标、内容，分析了英语听力教学的文化基础以及策略；英语口语教学方面包含基础知识、教学观、文化差异对英语口语教学的影响以及英语口语教学的策略；英语阅读教学方面包括基础介绍以及英语阅读教学的意义和重要性分析，对文化因素在英语教学中造成的影响进行了详细分析，提出了英语阅读教学的策略；英语写作教学方面从基础知识、教学现状、教学原则进行了简单介绍，对文化负迁移在英语写作方面的影响和对策进行了全面探析，提出了英语写作教学的策略；英语翻译教学方面包含基础知识、教学现状、文化因素、教学策略等内容。再次，对学生跨文化交际能力的培养进行综合分析，包括跨文化交际能力的基本内涵、跨文化交际意识的培养、跨文化交际能力的基本要素、培养学生跨文化交际能力的方法等内容。

  本书汲取了众多英语教学的研究成果，同时将英语教学与跨文化交际进行交叉融合，使英语教学理论更加饱满，英语教学策略更为科学、有效；本书内容搭配丰富、结构完整、逻辑严密且具有很强的学术性，既将听、说、读、写、译等方面的英语教学知识进行解析，又突出了文化在其中的作用，对英语教学策略的选择具有重要的指导意义。

  本书涉及的研究内容较多，资料收集工作繁杂，加之作者的水平有限，书中难免存在不足之处，对此，诚恳期待各位专家、学者提出宝贵意见。

目 录

第一章 跨文化交际与英语教学概述 …………………………………… 1
    第一节 跨文化交际的基本内涵 ………………………………………… 1
    第二节 英语教学的要求与目标分析 …………………………………… 8
    第三节 英语教学的原则 ………………………………………………… 13

第二章 跨文化指导下的英语文化教学 ………………………………… 18
    第一节 英语文化教学的相关理论 ……………………………………… 18
    第二节 英语文化教学中的问题分析与改进路径 ……………………… 25
    第三节 跨文化指导下的英语文化教学建构 …………………………… 31

第三章 基于跨文化交际的英语听力教学研究 ………………………… 39
    第一节 英语听力教学概述 ……………………………………………… 39
    第二节 英语听力教学的目标与内容 …………………………………… 43
    第三节 英语听力教学的文化基础 ……………………………………… 46
    第四节 跨文化交际下的英语听力教学的策略 ………………………… 54

第四章 基于跨文化交际的英语口语教学研究 ………………………… 58
    第一节 英语口语教学概述 ……………………………………………… 58
    第二节 英语口语教学的现状 …………………………………………… 67
    第三节 文化差异对英语口语教学的影响 ……………………………… 71
    第四节 跨文化交际下的英语口语教学的策略 ………………………… 73

第五章 基于跨文化交际的英语阅读教学研究 ………………………… 77
    第一节 英语阅读教学概述 ……………………………………………… 77
    第二节 英语阅读教学的意义与重要性分析 …………………………… 82
    第三节 文化因素对英语阅读教学的影响 ……………………………… 86

第四节　跨文化交际下的英语阅读教学存在的问题与对策 …………… 90

第六章　基于跨文化交际的英语写作教学研究 ……………………………… 95
　　第一节　英语写作教学概述 …………………………………………… 95
　　第二节　英语写作教学的现状分析 …………………………………… 99
　　第三节　英语写作教学的原则 ………………………………………… 103
　　第四节　文化负迁移对英语写作的影响及对策 ……………………… 107
　　第五节　跨文化交际下的英语写作教学的策略 ……………………… 112

第七章　基于跨文化交际的英语翻译教学研究 ……………………………… 116
　　第一节　英语翻译教学概述 …………………………………………… 116
　　第二节　英语翻译教学的现状分析 …………………………………… 121
　　第三节　英语翻译教学中的文化因素分析 …………………………… 127
　　第四节　跨文化交际下的英语翻译教学的策略 ……………………… 133

第八章　英语教学中学生跨文化交际能力的培养 …………………………… 141
　　第一节　跨文化交际能力的基本内涵 ………………………………… 141
　　第二节　跨文化交际意识的培养 ……………………………………… 147
　　第三节　跨文化交际能力的基本要素 ………………………………… 152
　　第四节　培养学生跨文化交际能力的方法 …………………………… 156

参考文献 ………………………………………………………………………… 163

第一章　跨文化交际与英语教学概述

"跨文化交际"指不同文化背景的人们之间进行的交际。近几年来，由于世界全球化进程加快，跨文化交际在政治、文化、经济等领域的频繁发生，已引起社会各界学者的广泛关注。在中国，顺应时代的变化和要求，英语教师对之表现出的浓厚兴趣，应当从跨文化交际的角度对英语教学进行深入思考。本章主要从跨文化交际的内涵入手，分析了英语教学的要求与目标，阐述了英语教学的原则。

第一节　跨文化交际的基本内涵

一、文化

"文"与"化"两字最早使用出现在古代典籍《周易·贲卦》："观乎天文、以察时变；观乎人文，以化成天下。"其中，"观乎人文，以化成天下"是指要观察人文，把握社会中的人伦秩序，使天下之人均能遵从文明礼仪，并进而推及天下，以成大化。句中"人文"与"化成天下"相结合，实际上已经具备了"文化"一词的基本含义，即通过人伦教化使人们自觉行动。[1]

在我国20世纪70年代出版的《辞海》中，广义文化的概念是指人类社会历史实践过程中所创造的物质财富和精神财富的总和；狭义上的文化概念是指社会的意识形态以及与之相适应的制度和组织机构。[2]

英国文化人类学家爱德华·泰勒（E. B. Tylor）在《原始文化》一书中，首次把文化作为一个概念提出，并且将它系统地表述为："文化或文明，就其

---

[1] 朱祖延. 引用语大辞典 [M]. 武汉：武汉出版社，2000：199.
[2] 辞海编辑委员会. 辞海（上）[M]. 上海：上海辞书出版社，1979：28.

广泛的民族学意义来讲,是一个复合整体,包括知识、信仰、艺术道德、法律、风俗以及其余社会上学得的能力与习惯。"①

1963年,人类学家阿尔弗雷德(Alfred)在总结前人基础上,对文化提出了较为全面的定义,主要包括以下几个方面。②

(1)文化由外层和内隐的行为模式构成。

(2)这种模式通过象征符号而获得和传递。

(3)文化代表了人类群体的显著成就,包括它们在人造器物中的体现。

(4)文化的核心部分是传统的(历史地获得和选择的)观念,尤其是它们所带的价值。

(5)文化体系一方面可以看作是行为的产物,另一方面则是进一步的行为的决定因素。

2001年,联合国教科文组织在《世界文化多样性宣言》中对文化的定义也有所阐释,"文化是某个社会或社会群体特有的精神、物质、智力与情感等方面一系列特质之总和;除了艺术和文学之外,还包括生活方式、共同生活准则、价值观念体系、传统和信仰。"③

综上所述,中西方关于文化内涵的说法可谓见仁见智。但总而言之,文化就是人们所觉、所思、所言、所为的总和,在不同的生态环境下,不同的民族创造了自己特有的文化,也被自己的文化所塑造。

二、交际

同"文化"一样,作为学术上的专业术语,"交际"的定义也是多种多样的。

关世杰将跨文化交际中的"交流"定义为"信息发送者与信息接受者共享信息的过程"。④

贾玉新把"交际"看成是交际符号过程,一个动态多变的编译码过程。当交际者把意义赋予言语或非言语符号时,就产生了交际。在《跨文化交际学》一书中,他认为"交际"受制于文化、心理等多种因素,但它不一定以主观意识为转移,可能是无意识的和无意的活动,它是人们运用符号创造共享

---

① [英]爱德华·泰勒. 原始文化[M]. 连树声,译. 上海:上海文艺出版社,1992:5.
② 李雯,吴丹,付瑶著. 跨文化视阈中的英汉翻译研究[M]. 长沙:湖南师范大学出版社,2018:1.
③ 王英鹏. 跨文化传播视阈下的翻译功能研究[M]. 上海:上海交通大学出版社,2016:49.
④ 关世杰. 跨文化交流学——提高涉外交流能力的学问[M]. 北京:北京大学出版社,1995:33.

意义的过程。① 因此,"交际"是一种运用符号传送和解释信息,从而获取共享意义的过程。

随着交际学在美国的兴起、发展和逐渐成熟,"交际"的概念连同这门学科一起被迅速地传播到世界五大洲的各个国家。本书所提及的"交际"一词,主要是指英语中的"communication",不同语言间不同文化层面的比较就是帮助在跨文化交际中不同文化背景下的人们相互了解,获得更多"共有"和"共享"的共同点,从而消除跨文化交际过程中所面临的重重障碍。②

三、跨文化交际

(一) 跨文化交际的含义

跨文化交际既指本族语者与非本族语者之间的交际,也指任何在语言和文化背景方面有差异的人们之间的交际。由于不同民族、不同国家拥有不同的生态、物质、社会等环境及不同的宗教信仰,因而在语言环境中就有了不同的语言习惯、社会文化、风土人情等诸语境因素。所以不同文化背景的人们说话方式及习惯是不尽相同的。在交流中,人们总喜欢用自己的说话方式交流或解释对方的话语,这就可能对对方的话语做出不准确的推论,从而产生交际冲突和故障。

胡文仲教授对跨文化交际的定义是[3]:具有不同文化背景的人从事交际的过程就是跨文化交际,并认为跨文化交际可以是国家与国家之间、民族与民族之间、个人与个人之间的交际活动,内容可以涉及政策、政治观点、价值观、风俗习惯、礼貌、称谓、服饰、饮食等各个方面。胡文仲进而把它们分为主流文化、亚文化、地区文化、小群体文化,并指出跨文化交际研究应该首先把目光集中于国别研究,集中于一个国家中的主流文化。

顾嘉祖教授指出[4],跨文化交际一般指的是具有不同语言文化背景的民族成员相互间的交往活动,也指同一语言不同民族之间的交际,还有人认为跨文化交际是泛指一切语言文化背景有差异的人们之间的交际。

从英语教学的角度来看,跨文化交际是指具有不同语言文化背景的人们之间的交际。由于中西方具有不同的文化背景,要使来自不同文化背景的人们顺

---

① 贾玉新. 跨文化交际学 [M]. 上海:上海外语教育出版社,1997:10.
② 隋虹. 跨文化交际理论与实践 [M]. 武汉:武汉大学出版社,2018:22.
③ 胡文仲. 跨文化交际面面观 [M]. 北京:外语教学与研究出版社,1999:5.
④ 顾嘉祖. 语言与文化 [M]. 上海:上海外语教育出版社,2002:1.

利地进行跨文化交际，就必须具有强烈的跨文化意识，清楚地了解本族文化与外族文化的差异。

(二) 影响跨文化交际的因素

1. 思维方式差异

各民族的思维习惯的形成都有赖于相应的文化环境。文化环境的主要因素有生产方式、历史传统、哲学思想和语言文字等。其中语言是感知和认识世界的重要手段，同时对语言的理解和掌握也是感知的重要部分。也就是说，一方面语言体现思维；另一方面，语言习得也是影响思维习惯形成的重要原因。心理语言学家认为，人类认知结构都是相同的，但是由于各民族生存的文化环境不同，使用的语言不同，其思维方式是有差异的。[①]

2. 交际风格差异

交际风格是指人们在传递和接收信息时喜欢或习惯采用的方式。[②]综合中外学者关于交际风格的研究，中美交际风格差异可概括为：直接与间接差异；线性与圆式差异；自信与谦卑差异；沉默寡言与侃侃而谈差异；详尽与简洁差异；人和任务为中心与关系和地位为中心差异。一般来说，美国人在交际时倾向于直截了当，开门见山，一步一步，直奔主题；而中国人则习惯拐弯抹角，声东击西，兜圈子。中国人相信沉默是金，少说多听，言多必失，谈话时往往表现得非常谦卑，在谈到主题时经常是点到为止，简洁扼要；而美国人则崇尚自信，相信只有通过言语，进行详尽严密的交谈，才能达到交流和解决问题的目的。

因此，在中国文化中，人际交流的主要目的之一就是建立和促进两人之间的关系，交谈的内容也尽可能以有利于建立和谐的关系为原则。中美两种文化的交际风格差距很大，如果两国人民互不了解对方交际风格，交往过程中免不了文化冲突。

3. 价值观差异

价值观是文化的重要构成要素，与交际有着密切的关系，人们能够通过言语行为和非言语行为发现价值观。将自身文化和异文化的价值观进行比较研究，是跨文化交际领域里极其重要的课题。与跨文化交际关系较为密切的价值观念主要包括六个方面：

(1) 人与自然的关系，是天人合一还是天人相分；

(2) 人际关系，是群体取向还是个人主义取向；

[①] 吕兴玉.语言学视阈下的英语文学理论研究 [M].长春：东北师范大学出版社，2017：93.
[②] 赵艳.跨文化交际与英语思维教学研究 [M].长春：吉林大学出版社，2017：36.

(3) 人对"变化"的态度，是求变还是求稳；

(4) 动与静，是求动还是求静；做人与做事；

(5) 人之天性观，是"性本善"取向还是"性本恶"取向；

(6) 时间取向。

(三) 跨文化交际中的言语交际与非言语交际

1. 言语交际

(1) 语言要素与跨文化交际

语音、词汇与句法是语言的三要素，三者之中语音对跨文化交际的影响没有其他两个方面那么直接和明显，词汇与跨文化交际的关系最直接。

①词汇与跨文化交际

词汇是记录和反映世界的语言符号，它代表着特定的对象或现象，人们通过词汇来表达对世界的认识。不同的民族由于在自然、地理、宗教及价值观念等方面的差异，对世界的认识也各不相同，并通过语言和词汇系统表现出来，这使得相同的事物在不同的文化中可能具有不同的所指，一种文化的词汇系统不能与另一种文化的词汇系统完全对应，同样的词汇反映的可能不是同一事物。因此词汇及其语义是跨文化交际实践与研究的重要方面，理解不同文化之间词汇、语义的差异可以帮助人们进行跨文化交流。

词汇对文化的反映方式各不相同，有的词本身指代该民族特有的事物事件，如汉语中的"长城""空城计"；有的词多个义项中的一个义项与民族文化相关如"牛""红"。前者是与文化直接相关的词汇，后者与文化的关系通过词汇不同层次的语义显示。

②语法与跨文化交际

语法是组织成句的规则，每种语言都有自己的语法系统。每个社会都会使用某种特定的语言，并遵循这种语言的语法规则。语法规则的差异体现了深层文化的差异。

世界语言数千种，根据不同的标准可以分成不同的类型。根据语言起源发展和谱系分类法，可以分为汉藏语系、印欧语系、阿尔泰语系、乌拉尔语系等十多种；根据构词方式进行分类，可以分为孤立语、黏着语、屈折语和多式综合语四种类型。不同民族的语言在语法上的系统差异体现了各民族文化起源及随之定型的思维方式的差异及认知方式的差异。

(2) 语篇与跨文化交际

①语篇差异的相对性

东方的语篇结构与思维方式是归纳法和螺旋式，西方的是演绎法和直线式，大量的研究材料证实了这一看法。然而，实际情况要复杂得多，并不是所有东方的语篇结构都是归纳式，所有西方的语篇结构都是演绎式。另外，需要指出的是，简单地说一种模式属于西方，或另一种模式属于东方是不准确的，无论在东方还是西方，都存在两种模式，更准确的做法是将它们视为不同的修辞策略，一种比另一种更适用于某些情境场合。

语篇结构的跨文化差异是相对的，归纳式和演绎式只是反映了文化的整体定势。在整体定势之外，还必须考虑个体的因素，主要是各种语境因素。语篇作为语言的成品，是人们在具体社会情境中的语言实践。每次实践都涉及各种不同的语境因素，如交际目的、交际对象、交际场合等，语篇的结构方式受这些因素的影响。

许力生对比研究了英语和汉语的语篇，发现总体而言，英语语篇是直线结构，只有极少数非直线的；就具体篇章中的段落而言，有半数全部段落都是直线式的，只有三分之一的段落采用非直线式的。① 汉语篇章同样如此，既有直线式的，也有非直线式的。但是，汉语篇章中没有一篇是全部使用直线式的，也没有一篇是全部使用非直线式的，直线式和非直线式各占一半。

②文化差异与语境

语篇并不是独立存在的，它存在于特定的语境之中，其构建方式实际上是人们在特定文化的具体语境中使用语言完成其交际任务的习惯性方式和程序。由于交际任务不同，形成不同类型的语篇，比如叙事型语篇、描述型语篇、议论型语篇。不同文化和亚文化中的语篇具有不同的特征。以"东方""西方"为基础或者以"归纳式""演绎式"为类型进行语篇对比显得过于笼统，不能反映每种文化内部亚文化的差异，也不能反映不同语篇类型的特征和不同亚文化中语篇的差异。

（3）语用与跨文化交际

学会一种语言的语音、词汇、语法，不等于就能使用这种语言进行得体的交际，还要了解并遵循这个社会或群体所共享的言语规则或言语使用规则，即语用规则。语音、词汇、语法是语言的内部系统，是语言的静态层面；语用规则反映的是在特定社会规范的制约下人们使用语言的规则，是语言的动态层面。

不同社会的人们以不同的方式说话，说话方式之间的差异是普遍的、系统的，反映了不同社会的文化差异。然而，不同文化的人们在交往时，往往会对文化价值、社会规范和语用规则的差异性缺乏认识，以本文化的准则和社会规

---

① 许力生. 语言研究的跨文化视野［M］. 上海：上海外语教育出版社，2006：145.

范作为理解他人行为的标准，从而产生语用迁移，造成交际失败。语用失误或语用失败是语用规则迁移所造成的，即不同文化的人们在相互交际时直接把自己语言的话语翻译成目标语，而不考虑这些话语应该遵循的交际规范，其结果是能在母语中达到交际效果的话语却在目标语中无法达到预期效果。[①]

在跨文化交际中，谈话内容和话题常常也会造成语用失误。在一种文化中可以公开谈论的交际话题在另一种文化中是需要回避的。比如在中国，人们常常相互询问年龄、信仰，以示关心，而在西方这些是不应询问的隐私话题。

2. 非言语交际

（1）非言语交际的功能

①否定

言语信息所传达的意思，不一定是真实或者准确的。非语言行为所传达的可能与语言行为所传达的信息完全相反，起到否定的作用。

②补充

可以对语言表达起到修饰和描述的作用。例如，在拒绝别人的时候，通常除了语言上的拒绝以外，人们会在胸前做双手交叉的动作，或者摇头和摆手。说抱歉时，脸带歉意会更加恳切。

③调控

非语言行为可以调控交流状况。交谈时，人们用手势、眼神、动作、停顿等暗示自己要讲话，或已经讲完，或不让人打断；以及向对方点头表示同意并让其继续讲下去；沉默表示给别人讲话的机会；将食指放在嘴边意思是"请安静"。

（2）非言语交际的特征

①模糊性

非言语交际的意义是模糊的。在跨文化交际中，你永远也无法确保他人是否能够准确理解你的非言语行为所表达的含义。一个动作行为在不同的语境和环境中，可能表示多种含义，在不同的国家、不同的文化中，解读也可能千差万别。因此，非言语交际应该是存在于一定的语境中，才能准确地解读出它的含义，脱离于语境以外的非言语行为具有模糊的特点。

②复杂性

人类在漫长的演化过程中，创造了属于自己的文明。民族和种族的区分，除了外貌体格等生理特征外，还有在此基础之上所建立的与众不同的民族文化。文化的传承和影响，使一部分人具有共同的民族文化习惯和非语言行为的

---

① 刘荣，廖思湄. 跨文化交际 [M]. 重庆：重庆大学出版社，2015：74.

表达模式。所以，许多非言语行为都是文化潜移默化影响的结果。一种文化当中高雅善意的行为习惯，也许在另一种文化中就是低俗恶意的体现。除了文化背景以外，非言语行为的表达方式还会受到多方面的影响，如社会背景、教育水平、性别、年龄、个人经历以及性格特质等。非语言行为是由人来发出的，人是千千万万的个体，不同的个体会有自己的行为特点、习惯动作、表达方式。非言语行为的表达在一定范围内具有共性，然而，因为自身的特点，所习得的情况不同，不同的个体会有很大的差异性。加之非语言行为不是一成不变的，它是动态的、不断变化的，因而，非言语交际是复杂、多变的。

③多维性

非语言交际不是孤立存在的，它必须依托于语境。在一定语境中，非语言行为的表意是明确的。但是一旦离开语境，它的表义就会比较笼统，让人无法准确推测出其中的原委，从而无法体现交际价值。人们除了运用言语手段在交际时传递所要表达的信息以外，还会调动表情、手势、身势、服饰、时间、场景、语速、语调、颜色、气味、化妆等多种手段来进行辅助沟通。人们有意或者无意地做出一些非语言行为，人们在不同的环境中可以得到不同的信息反馈。同时，非语言行为是不同文化习得的产物，是人类文明发展形成礼俗规范的结果。另外，非语言交际是多学科研究的对象，与语言学、心理学、人类学等都有密切联系。

第二节 英语教学的要求与目标分析

一、英语教学的要求

(一) 着眼于学生的全面发展

英语教学的首要定位就是人的教育，而英语教学首要的理念也应当是人本主义。教师要时刻以学生为中心，充分发挥学生的主体作用，注重学生的全面发展，使他们具备持续学习的能力，从而为终身学习打下良好的基础。因此，英语教学要求学校和教师要着眼于学生的全面发展。而要促进学生的全面发展，仅靠帮助学生掌握英语知识是远远不够的，因为其他因素，如学生的社会责任感、积极的情感、严谨的治学态度等直接影响他们的英语学习。这就要求教师在英语教学中要尊重学生，注重情感教学。具体来说，要做到以下几个方面。

（1）承认学生之间的差异性。首先我们必须承认，学生之间是有差异的，有个性的。因此，教师应当针对学生的差异性提供切合他们实际的学习指导，给每个学生提供平等的学习机会。例如，有的学生口头表达能力很强，有的学生则擅长书面表达；男生善于阅读思考，而女生则擅长记忆单词、规则。作为教师，在教学中就要根据学生的这些不同特点进行具体指导。

（2）相信学生的潜能。教师应该坚信，每一个学生都蕴藏着极大的学习潜能，每一个学生都有自己丰富而独特的内心世界。尤其是在科技与网络高度发达的今天，学生在很多方面都比以往更具独立性，在许多问题上的思考也都有独特性。因此，教师应该多与学生沟通交流，成为他们的朋友，进而再做他们的老师。在和他们平等相处的基础上，通过改进教学，为他们提供充分发展潜能的机会，英语教学必然会取得更大的成效。

（3）充分发挥学生的主体作用。学生主体是指能动地参与教学活动的处于发展中的学生个体。在英语课堂教学中，教师要为每一个学生创造表现自己的活动环境，使每一个学生都能积极地参与到教学活动中来，让学生在学习活动中发展个体的学习能动性、创造性、自主性和独特性。

（4）营造和谐的课堂气氛。要顺利地实行情感教学，最关键的就是形成和谐的课堂气氛课堂教学实际上是人的交际过程，有效的交际取决于和谐的课堂气氛。从某种程度上来说，和谐的课堂交际气氛在某种意义上说比好的教学方法更重要。

（二）着重培养学生语言的综合运用能力

英语教学要注重培养学生运用语言的综合能力，这也是英语教学最基本的要求所在。要培养学生语言的综合运用能力，应注意以下方面：

（1）对语言技能的掌握是学生学习语言的主要目的。语言技能包括听、说、读、写四个方面的基本技能以及这四种技能的综合运用能力。听、读是语言的输入，也就是吸收的技能；说、写是语言的输出，也就是表达的技能。学生运用语言的能力是在吸收信息与表达自己的交际过程中得以提高的。因此，在英语教学中，教师要引导学生通过大量的听、说、读、写的实践，提高综合运用英语的能力。可以说，在英语教学中，听、说、读、写既是学习目的，又是学习手段。

（2）学生运用语言能力的高低与他们的心理因素和学习策略相关。心理因素不仅是影响英语学习的重要因素，也是人的发展的一个重要方面。学生只有对英语学习抱着积极的情感，主动参与，乐于进取，才可能把英语学好，才可能对英语学习保持一股持之以恒的热情与动力。因此，英语教学一定要注重学生的心理因素。

学生学习英语的首要心理因素是学习动机，而促使学生产生英语学习动机最核心的因素是对英语学习的态度、兴趣和情绪。学习态度是指学生对英语的评价及其相应的学习行为倾向；学习兴趣是指学生在英语学习中表现出来的积极探究的认知倾向；学习情绪则是指学生在英语学习过程中所具有的心理体验。因此，在英语教学中，教师一定要激励学生的动机。

除了激励学生英语学习的动机，教师还要注重指导学生选择正确的英语学习方法与策略。学习方法就是充分运用智慧和智谋学习，也就是讲究学习策略。英语教学提出要以学生的发展为本，要教给学生学习方法，实质上就是要讲究英语学习策略，帮助学生在英语学习的过程中提高效率。

（3）传统的教学法对英语学习存在两种误区，也可以说是两个极端：一种是认为学习英语就是单纯学习语言基础知识，把英语课上成语法课；一种是认为学习英语就是学习英语的实际用法，将知识与能力对立起来，认为培养学生的运用英语的能力就可以不学习语言基础知识从而忽视语法的学习。[1] 这两种认识都是错误的。一方面，学习必要的语言基础知识对于英语学习是有帮助的，它是形成能力的基础。我们反对把英语课上成语法课，并不是说我们就不必学语法。事实上，学生学习英语掌握必要的英语语言基础知识是必要的。语言基础知识是语言能力的有机组成部分，是发展语言技能的重要方面。另一方面，我们也反对把学习语言基础知识作为课堂教学的唯一目的，也就是说，绝对不能把英语课上成语言知识课。因为语言知识的学习最终的落脚点就是实际的综合运用，只有在学习基本语言知识的基础上，辅以适当的实践训练，才能真正提高学生的综合运用能力。

二、英语教学的目标

（一）帮助学生理解英语

"教师使学生懂英语"这个过程仍然是一个使能过程，但不是使学生掌握技能和学习本领，而是使学生动脑筋，学习语言知识。学生的学习过程不是一个行为过程，而是一个心理过程，教学的中心仍然是学生。

在这个过程中，学生是中心，是关键的参与者，而教师只是帮助者和使能者。但是，在此学生不是学会做事，而是要扩展他的思维活动，获得新的知

---

[1] 杨光，刘永莉，操林英. 多元化背景下的英语教学研究 [M]. 长春：吉林大学出版社，2012：40.

识。教师的任务是提供学生所需要的一定量的知识。这里需要考虑的是"知识"一词。学习语言通常认为有两种方式：学习语言和学习有关语言的知识。① 在此，知识纯粹是有关语言的特点和运用的知识。但掌握语言知识也可以称为懂英语。它既表示学习英语意味着学会有关语言的知识，也表示学会说这种语言。这两种解释实际上代表了两种不同的教学模式。从第一种模式的角度讲，学习知识可以只让学生理解和记忆即可，而不必要让学生去进行实际的操练和实践，其重点是心理活动。从第二种模式的角度讲，学生不仅要理解和记忆所学的知识，还要学会实际的语言运用技能，学会把所学的知识运用到实际语言交际中去。同时，还要学会在一定的文化语境中，即在目标语文化中，从事所要进行的交际活动，和学会语言要完成的交际功能，以及所要运用的语言知识。这样，教学的目标可以有两种：使学生学会有关语言的知识和使学生会讲这种语言。

（二）给学生传授语言知识

"教师把英语授给学生"的教学过程在此被视为一个物质交流过程。在这个交流过程中，主要的参与者是给予者和礼物，即教师和他所教授的语言，而学生的存在是偶然的，他只是被给予的对象。从人际交流的角度讲，教师像赠送钢笔等物品一样，把英语"给予"学生。在这种情况下，教师通常要教给学生他们自认为是"好"的英语，如"标准英语""文学英语"等。在这种交流过程中，教师处于绝对控制地位，学生则完全处于被控制的地位。所以，学生认为什么是好的英语是无关紧要的，因为他没有发言权。

教学的重点是语言，施事者是教师，学生只是受益者，接近情境成分。这似乎是传统外语教学的模式。教学的目标是教给学生自己认为是"好的"或者是"美的"英语，使学生学会标准的、高雅的英语。从方式上讲，教师在不停地教，而学生则只能不停地接受。至于他愿不愿意接受和能接受多少，教师不太注意，而注意的是学生是否在接受。教师通常为自己所选择的美的教学材料，或者是美的教学方式所陶醉。教师的快乐在于知道学生懂得了自己在课堂上所教授的内容并且欣赏自己的教学内容和课堂表演。

（三）训练学生的英语技能

"教师用英语教导学生"，从人际交流的角度讲，这一教学过程的重点仍然是教师，学生是参与者之一，但只是一个被动角色。他的参与受到外界因素

---

① 周帆. 高校英语教育教学理论与实践研究［M］. 长春：吉林大学出版社，2017：24.

的影响，受到教师行为的支配，他没有学习的主动权。但在这一过程中，教师不再是简单地像给予学生东西一样把语言传授给学生，而是使学生提高了技能，达到教师的训练目标。从课堂内容的角度讲，在这一教学过程中，教师通常提供大量的课堂训练和练习，以及大量考试。教学目标是使学生掌握运用语言的技能。

从教学方式上讲，教师主要给学生大量训练，开展许多活动，学生是这些活动的参与者和训练对象。这种教学模式既相似于传统教学法中教师主导一切的模式，也相似于模式训练法的教学模式，学生只是被训练的对象，自己没有主动权，所以难以发挥学生的主观能动性。这是一种结构主义和行为主义的教学模式。教师不是主要使学生学习语言知识，而是获得语言技能。但这种技能不是实际运用语言的能力，而是一些语言模式，而且这些模式大部分是一些根据结构主义理论提炼出的语言结构模式，而不是根据情境语境中的语境模式而提炼出来的语言功能模式。

（四）发展学生的意义潜势

"教师使学生成为讲英语的人"，在此，教学过程被看作一个关系过程。教师仍然是一个使学生能够做某个事情（讲英语）的人，但他不仅仅是使学生能够做某个事情，而是使学生成为一个能讲目标语的人。语言被视为个"潜势"，称为"意义潜势"。教学的目的是使学生掌握这一潜势，使学生会用语言来表达意义。这显然既包括使学生掌握有关语言的知识，也包括使学生掌握语言表达的能力，学会用所学的语言说话。

（五）跨文化交流能力的培养

随着英语教学改革的深入，培养学生交际能力的意识越来越深入人心。尽管如此教师在培养学生听说读写言语技能方面花费了大量心血，但教学效果并不明显。通过分析，就会发现现行的围绕听、说、读、写、译等言语技能训练所编的教材及所采用的教学方法存在着一定问题。严格地说，目前大学英语教学还没有突破语言知识的掌握和言语技巧的训练的框框，学生所学到的更多的是语言表面的知识。所以，说出的话、写出的文章尽管语法上正确，却不够得体。因此，本书认为，英语教学仅仅重视言语技能的训练是不够的，还必须注重交际能力的培养。

交际活动不但要求言语的正确性，而且要求言语的得体性。所谓"得体"，就是言语要符合目的语的言语行为规范和文化规则及言语所处的社会文化情境。实践证明，言语技能的训练不能自然生成交际能力；交际能力的形成除了语言因素外,还有社会文化能力、语境能力、行为能力等诸多要素。[①] 因此,要想培养学生的交际能力,英语教学除了传授语言内容和进行言语技能训练外,还必须努力对学生进行跨文化条件下语言能力、语用能力等的专门培养和训练,以提高学生在特定的社会文化情境中的跨文化交流能力。

第三节 英语教学的原则

一、兴趣性原则

兴趣在英语教学中发挥着至关重要的作用。因此,教师意识到兴趣的重要性,并采取一切可用的方法来努力调动学生的情感内因,激发学生对英语学习的强烈愿望,使他们喜欢学、乐于学,以获得更好的教学效果和学习效果。英语教师在调动学生学习兴趣时,可从以下几个方面入手。

1. 充分尊重学生的主体性

教育是一种主动的过程,教师必须清楚地认识到英语课堂的主体是学生。只有通过学生积极主动的尝试与创造,教学活动才能达到预期的效果,学生也才能获得认知和语言能力的发展。因此,教师要从学生的心理和生理特点出发,遵循语言学习规律,采用多种教学方式,培养学生兴趣,让学生通过体验和实践进行学习,形成语感和提高交流能力的目的。

2. 对教材进行深度挖掘

教师在备课过程中,应认真地研究教材,挖掘教材中学生感兴趣的内容与话题,使每节课都有让学生感兴趣的内容和活动,以最大限度地调动学生的积极性。例如,英语课堂教学可以尽量把日常生活中的交际形式搬上课堂,如日常生活里常见的交际形式问候、打招呼,对人、物、画面的介绍等这些形式搬到课堂上,为学生在日常生活中使用课堂上所学的英语创造条件。在外语练习里都可以采用,生活里常见的交际形式在课堂上做惯了,学生用英语进行交际的能力就会逐渐提高。

[①] 孙晓玲.自主学习视阈下的大学英语教学研究 [M].北京/西安:世界图书出版公司,2017:160.

二、系统性原则

系统原则主要是针对教学的整个过程和各个环节而言的。教师既要明白学习过程不是一蹴而就的，需要循序渐进地进行，又要把握教学的系统性，遵循一定的顺序和系统，引导学生逐渐地和不间断地掌握知识和技能，并保持语言知识与语言技能的平衡。[1] 具体来说，系统性原则要求教师要做到以下几点。

1. 系统安排教学的内容

英语教学内容的安排要有严密的计划和顺序。例如，低年级英语教材教学内容的安排基本上应是圆周式的，对系统不要机械地去理解，切忌搬用科学的系统。教师应该按教科书的安排特点和班级的情况合理组织讲课的内容，确定讲课的重点。当出现一个生词时，不要急于一次把这个生词的所有意义、用法全部教给学生。当教授一项新的语法规则时，不要一次向学生交代有关这条规则的全部知识，要解决知识分步教给学生的问题。这也是个系统性，就是教学的系统。教学内容的安排应该服从教学的系统。这样才能由浅入深，由易到难，由分散到系统。

2. 系统安排学生的学习

教师要指导学生进行连贯的学习。学习要循序渐进，经常、持久、连贯地学习，也就是要持之以恒。因此，教师在教育学生时要有恒心，经常及时地带领学生进行复习和做好功课。此外，教师还要指导学生正确处理好平时和期末的关系。必须向学生明确，要将学习重点放在平时，平时训练要从难从严。必须坚决反对那种平时学习不努力，期末考试临时抱佛脚的做法。此外，教师还要经常关心和指导学生的学习方法，并针对学生的不同特点因材施教。

三、持续性原则

在完成初级阶段的英语学习之后，学生还要向更高级别的英语学习阶段迈进，因此，在英语教学中，教师就要坚持可持续发展原则，在实践中自觉地为学生打好向高级阶段学习的基础。具体可以从以下两个方面入手。

1. 做好知识的正迁移

遗忘是学习任何知识都不可避免的问题，因此必须通过巩固来习得语言知识。但是，仅凭消极的巩固往往得不到满意的效果，教师要在教学中培养学生的英语实践能力，也就是在发展中达到巩固，以巩固求发展。而巩固性和发展

---

[1] 宋欣. 信息化背景下高校英语教学研究 [M]. 咸阳：西北农林科技大学出版社, 2019：67.

性需要在概念同化、知识和技能的迁移中体现出来。因此，高校英语教学中应尽可能地通过各种方法锻炼学生知识正迁移的能力，以便学生更好地掌握英语。

2. 培养学生学习英语的正确态度

具体来说，教师应该重点培养学生积极的、勇敢的学习态度，要让学生感受到英语学习的乐趣，同时要锻炼学生敢于使用英语进行交际的能力，要使学生将英语学习作为自身成长的一部分。此外，教师还应着重培养学生的自信心和克服困难的意志。

四、主体性原则

在课堂教学中，教师是主导，学生是主体，二者相互协调、相互配合，教学质量才有保证。教师熟悉教学内容，了解有效的学习方法和学习途径。在教学过程中，教师必须以学生为中心来发挥自己的指导作用，为学生创造学习条件，随时给学生提供帮助，调动学生的学习积极性。总之，教师的一切教学工作都是围绕学生的需要而进行的。

教师的主导作用在于帮助学生加速学习进程。在学生遇到困难的时候，教师要及时给予帮助，使学生的困难得以及时解决；当学生面对困难不知所措时，教师要及时引导，使学生找到解决困难的办法；看到学生愿意接受学习任务且跃跃欲试时，教师应该给予学生更多的锻炼机会；看到学生的学习情绪不高时，教师要及时给予鼓励，提高学生的学习热情；看到学生在学习上取得成绩时，教师要及时提出更高的要求，使学生始终保有目标，继续努力。

要求教师以学生为中心，就是要求教师的心里要时刻装着学生，应把教建立在学生的学上，教学的一切工作环绕学生的学习进行。在备课、教课、批改作业时，教师都要考虑学生的心理和需要，注意学生的表情和反应，分析学生掌握的情况，安排和调整自己的教学方法和步骤，以适应学生的需要。只有以学生为中心，才能让学生明确学习意义、学习内容和学习目标，才能使学生看到奋斗的目标，使学生看到已经取得的成就，在学习的道路上勇往直前。

在英语教学中，实施学生主体原则要求教师从以下几个方面着手进行：教材分析要以学生为中心、教学方法和手段的选择要以学生为中心、教学活动的设计与组织要以学生为中心。

五、循序渐进原则

英语教学中的循序渐进原则包括以下三层含义。

一是学生在学习语言时应从口语开始,然后逐渐过渡到书面语。首先,英语包括口语和书面语两种形式,从语言发展的历史来看,先有口语后有书面语。因此,学生学习英语应从听说(口语)开始,逐渐过渡到读写。其次,口语词汇比较常用,句子结构简单,比书面语更容易学习,因而也容易激发学生的积极性与自信心。最后,通过口语的学习学生可以尽快地获得日常生活所需的交际技能,有利于学用结合,使教学生动活泼。因此,学生学习英语应从听说(口语)开始,逐渐过渡到读写。

二是在听、说、读、写等语言技能的培养上,应该首先侧重听说能力的培养,逐渐过渡到读写技能的培养。听说读写是英语的四项基本技能,应该全面发展,但是,由于中国的大部分学生缺少英语的语言环境,听便成了他们获取英语知识和纯正优美的语音语调的唯一途径。另外,听说教学还能使学生学到基本的词汇和基本的句子结构,从而为读写能力的培养奠定基础。因此,在英语学习的初级阶段,教师应加强"听、说"的教学,每节课都要尽可能地为学生创造良好的语言环境,让学生在充足的"听"的练习中学习英语,并通过师生之间和同学之间的语言交流,不断巩固、不断更正、灵活运用所学的英语知识。在培养听说能力的基础上,循序渐进地向"读、写"教学过渡。

三是英语能力的提高不是一次性完成的,而必须要循环往复,逐步深化,是一个螺旋式发展的过程,需要进行多次的循环。但这种循环不是单纯的重复,每一次重复都是以旧带新,从已知到未知,都在前一次学习的基础上在深度和难度上有所提高。因此,教学的各个部分以及前后课之间应该紧密联系,使得前面所教的内容为后面的内容拟订基础,而后面所教的内容也得复习前面所学的内容。换句话说,教师应该注意从学生已有的语言知识和已经熟悉的语言技能出发,讲授新知识,培养新的技能。

六、真实性原则

学生学习的最终目的是为了交际,那么所学的教材内容自然要尽量遵循真实性原则。在遵循真实性原则时应注意以下几个问题:

1. 采用语用真实的教学内容

教学内容不仅仅包括课文内容,还包括例句,课内外训练材料和练习等所有提供给学生学习的材料。真实的材料可以让学生接触到真实、自然、地道的语言,了解交际话语和相关背景文化,并能在课堂活动和社会交际之间建立起联系,从而领会到所学内容的语言材料就是现实生活中可能发生的语言交际。因此,英语教师在开始教学前应从语用的角度认真分析课文,不仅要分析课文语句的结构意义,更要着重把握语句的语用意义。

2. 计划或组织语用真实的课堂教学活动

英语课堂教学是通过一系列的课堂教学活动来完成的。尤其是在大学英语基础阶段，呈现、讲解、训练、巩固等课堂活动都要与语用能力培养密切相关。对学生能力的培养要贯穿于英语教学的全过程，融于各环节的学习和训练之中。在这些教学活动中，教师要基于语用真实的指导思想来设计和组织教学活动。

3. 编排语用真实的教学检测评估方案

对于教学来说，教学检测评估起着很大的反馈作用。通过设计编排语用真实的教学检测评估，可以发现学生的语用能力还存在哪些不足之处，从而调整教学，特别是对学生语用能力培养方面的教学，能起到更直接、快捷、有效培养学生运用英语能力的作用。教学检测评估既要符合测试的基本原理，更要注重测试运用能力；不仅要语意真实，也必须语用真实。否则就会误导教学，弱化学生运用英语能力的培养。

七、多样性原则

高校英语教学的特点之一就是多样性。多样性教学有利于唤起学生学习英语的兴趣，能够有效提高学生的英语能力。因此，教师要根据实际情况，全方位对学生开展多样性教育。英语教学原则的多样性主要包括如下内容：

（1）教学方法多样性：开放式、开发式、参与式、交流式、借助式、迁移式和启发式等。

（2）组织形式多样性：全班式、分组式等。

（3）授课内容多样性：随教学进度变换不同内容，以专项为主，穿插不同类别的内容。

（4）教学手段多样化：采用幻灯、投影仪、简笔画、实物、图片、录音、录像，配上教师的肢体语言等。

（5）课堂环节多样性：组织教学、复习检查、讲解新课等。

（6）评价方式多样性：设立英语学习进步奖、超越奖、克服困难奖、完成作业优秀奖、听说读写单项奖等，学生进行自评、互评和集体投票等。

第二章　跨文化指导下的英语文化教学

在全球化的时代背景下，不同国家与文化群体之间的交流已不可避免，这就使得跨文化交际频频发生。我国的英语教学也应当立足于跨文化交际人才培养，积极开展文化教学，解决由中西文化差异造成的英语学习问题。

第一节　英语文化教学的相关理论

一、建构主义学习理论

（一）建构主义学习理论的内涵

建构主义理论是 20 世纪 80 年代兴起的一种新的认知理论。在此基础上发展而来的建构主义学习理论是众多心理学家和教育学家在吸收维果斯基（Vygotsky）、加涅（Gagne）、皮亚杰（Piaget）、布鲁纳（Bruner）等思想的基础上进行探索和总结的成果，是认知主义学习理论的进一步发展。

建构主义学习理论的基本观点是，学习是学习者在自己原有经验、知识、技能、习惯等因素的基础上，所进行地主动、积极的意义建构过程。它强调学习者在学习过程中的自主建构、自主探究和自主发现，并要求将这种自主学习与基于情境的合作学习和基于问题解决的研究性学习结合起来。因此，有助于学习者的创新意识、创新思维、创新能力和合作精神的培养。建构主义学习理论还认为，学习者的知识是在一定情境下，借助于他人的帮助，如人与人之间的协作交流及必要的利用信息等，通过意义的建构而获得的。[1] 理想的学习环

---

[1] 赵向东，李文平. 教与学方式的变革——自主-互助教学模式探索 [M]. 北京：现代教育出版社，2013：426.

境应当包括情境、协作、交流和意义建构四个部分。

1. 情境

学习环境中的情境必须有利于学习者对所学内容的意义建构。在教学设计中，创设有利于学习者建构意义的情境是最重要的环节，也是首要的环节。

2. 协作

协作应该贯穿于整个学习活动过程中。教师与学生之间、学生与学生之间、小组与小组之间的协作，对学习资料的收集与分析、假设的提出与验证、学习进程的自我反馈和学习结果的评价，以及意义的最终建构都有十分重要的作用。

3. 交流

交流是协作过程中最基本的方式或环节。比如，学习小组成员之间必须通过交流来商讨如何完成规定的学习任务，达到意义建构的目标；怎样更多地获得教师或他人的指导和帮助等。其实，协作学习的过程就是交流的过程，在这个过程中，每个学习者的想法都为整个学习群体所共享。交流对于推进每个学习者的学习进程，是至关重要的手段和方式。

4. 意义建构

意义建构是教学过程的最终目标。其建构的意义是指事物的本质、规律以及事物之间的内在联系。在教学过程中，帮助学生建构意义就是要帮助其对当前学习的内容所反映的事物的本质、规律以及该事物与其他事物之间的内在联系达到较为深刻地理解与把握。

(二) 建构主义学习理论对英语文化教学的启示

1. 创设情境，增加学生参与性

学习具有积极性和建构性。学习者要想完成对所学知识的意义建构，最好的办法是到真实环境中去积极感受和体验，而不是仅仅聆听教师对各种经验的介绍和讲解。从这个意义上讲，英语文化的学习过程就是学生主动建构的过程。学生要成为意义的主动建构者，就应在学习过程中自己去探索、发现和建构所学知识的意义。

学习具有创设情境性，把创设情境看作是意义建构的必要前提。同时，该理论提倡在教师指导下的以学生为中心的学习，追求教与学的合作化。在文化教学中，教师可先确定所教文化知识的主题，多设置不同的情境，尽最大可能促进学生积极地思考，产生参与其中的欲望。当然，创设这样的情境必须贴近学生的生活实际和语言能力，使学生在认识该情境的现实性的同时有话可说。英语教师应注意在文化教学时以学生为中心，以学生的参与体验为目的，只要不影响交际，对出现的语言错误可暂不纠正，尽量让学生自由、大胆地表达自己的想法。

2. 合作学习，发展跨文化交际能力

社会性的互助可促进学习，学习者与周围环境的交互作用对于学习内容的理解起着关键性的作用，这是建构主义的核心概念之一。学生在教师的组织和引导下进行小组合作，加强组内讨论和交流。这样经过组内协商和辩论产生的思维和智慧，可以被所有小组成员共享，而不是某一位学生单独完成意义建构。

此外，合作学习与维果斯基的"最近发展区"和"脚手架式"的教学模式思想是一致的，因为学生在与小组内比自己水平高的成员交往时，通过不同观点的交流，学生不断补充、修正自己对知识的感受和体验，智力也不断从一个水平通过"脚手架作用"提升到另一个新的水平，将潜在的发展转化为现实的发展，并创造更大的发展的可能，这种发展对学生跨文化交际能力的形成大有裨益。

3. 关注词汇，培养文化平等观

在英语教学中，教师只是外部的辅助者、支持者和合作者，为学习者提供建构知识所需要的帮助，以使学生的理解进一步深入，重要的是学习者自己建构知识的学习过程，并因此推荐"抛锚式"教学模式。这种模式对培养学生发现隐蔽的文化尤具意义。因为隐含在语言中的文化，不是指常见的在疏通课文时，对某某文化知识点的分析讲解，以帮助学生理解课文；或使学生了解某个语言现象后面的文化典故，以扩充文化知识，而主要是指在学习语言材料时对其中所表达的思想主题及其现实文化意义的理解与把握，特别是经学生自己感悟思考后的理解与把握。教师可提醒学生关注某一词汇，在引导学生理解文本的表层信息之后，进一步思考该词的隐含信息。这样的英语文化教学，对学生而言，就不再只是简单的知识传递，还是在教师引导下对非结构的、捉摸不定的事物的主动建构与理解。这样的学习过程，不仅是文化学习的过程，更是思维方式和文化洞察力的学习与训练。

二、意义学习理论

（一）意义学习理论的内涵

学习可以被分为两类，它们分别处于意义连续体（continuum of meaning）的两端。一类学习类似于心理学上的无意义音节的学习。学习者要记住这些无意义音节是一项困难的任务，因为它们是没有生气、枯燥乏味、无关紧要且很快就会忘记的东西。所以，它们一方面不容易学习，另一方面又容易遗忘。在罗杰斯（Rogers）看来，学生在课堂里学习的内容，如果对学生无个人意义，那么这类学习只是涉及心智，是一种"在颈部以上"发生的学习，它不涉及感情或个人意义，与完整的人无关。①

另一类是意义学习。所谓意义学习，不是指那些仅仅涉及事实累积的学习，而是指一种个体的行为、态度、个性，以及在未来选择行动方针时发生重大变化的学习。这不仅仅是一种增长知识的学习，而且是一种与每个人各部分经验都融合在一起的学习。

意义学习把逻辑与直觉、理智与情感、概念与经验、观念与意义等结合在一起。以这种方式学习时，就形成了一个完整的人，即成了能够充分利用所有阳刚和阴柔方面的能力的人。意义学习主要包括四个因素：①学习具有个人参与的性质，即整个人（包括情感和认知两方面）都投入学习活动；②学习是自我发起的，即使在推动力或刺激来自外界时，也要求发现、获得、掌握和领会的感觉是来自内部的；③学习是渗透性的，也就是说，它会使学生的行为、态度、乃至个性都会发生变化；④学习是由学生自我评价的，因为学生最清楚这种学习是否满足自己的需要，是否有助于帮助其得到想要的东西，是否明了自己原来不甚清楚的某些方面。

教材必须符合学生的生活经验，因为只有增进了学生的生活经验，才有助于实现其生活目的，如升学或就业。也只有全身心投入的学习，才会对学生发生深刻的影响并产生良好的效果。这样才会启发学生心智，提升其求知能力，培养其学习兴趣，从而使学生喜爱知识，而且学生将因获得成就感而更加努力。这种学习可帮助学生达到知、情、意三者并重的教育目的，是最持久的、最深刻的。

（二）意义学习理论对英语文化教学的启示

1. 建立有利于教学的课堂文化环境

有效的学习只能来自学生的主动性和自发性，而且必须全心投入。传统的教育是"壶杯"教育：教师是壶，拥有理智和事实性的知识；学生是杯，是消极的容器，知识可以灌入其内。安排学生学习，不能使用这种消极的逼迫式教学，因为这种教学不但使学生感到威胁，而且不能让学生根据自己的知觉发现所学知识对自己有何意义。

为了要使学生更主动、自发地全心投入，首先可以从改变教室布局开始。我国传统的教室布局是秧田型的（固定的一排排桌椅、黑板和讲台），这种布

---

① 闫祯. 有效学习指导［M］. 西安：陕西师范大学出版总社有限公司，2013：20.

局的目的在于让更多的学生把注意力集中在教师身上，专心听讲。但这种布局也潜在地决定了课堂的进行模式是"教师在台上讲，学生在下面听"，所以，这样的教室布局也潜在地维持了传统的"教师的权威意识"，教师高高在上，教师和学生之间不是平等关系，给学生一种"学习是被迫的灌输"的心理暗示，所以，这种教室布局不大有利于学生的全身心投入。

为此，在有条件的地方，可以改变教室的布局，把座位根据教学需要安排成圆形、新月形或马蹄形等；在条件缺乏的地方，教师可有意识扩大教师行为区域，把比较内向的学生安排在教室的中间，增加他们的参与机会，同时把比较外向的学生安排在座位外围，以便他们带动其他学生，或者经常到学生间巡回。这样，通过创造定的英语文化环境，可以增强课堂民主气氛，方便师生交流，尽量减少学生学习的逼迫感，力图为他们全心投入创造更多机会。

2. 结合流行文化进行文化教学

信息对学习者是否具有个人意义，是信息保持的决定因素。学生学习的很多信息之所以很快被遗忘，是因为它们与学生的自我无关。教材是否有意义不在教材本身，而在于学生对教材的知觉看法。如所学材料能满足学生的好奇心或是提高其自尊感，学生自然乐于学习，因此，教师与其让学生花很多时间去死记硬背，还不如让学生花些时间去寻找知识的个人意义。从这一观点来看，结合流行文化，英语教学中的文化教学有着独特的优势。

流行文化是以大众传媒为载体，以文化商品产生为特征，以社会公众为对象的流通文化，有时还被称为大众文化、休闲文化和商业文化，其常见形式有歌曲、电影、畅销书等。流行文化的特征是：①通俗性，容易看懂、听懂和读懂；②时尚性，非常前卫、时髦；③强烈煽动性，容易引起人的情趣起伏；④接受性，容易为青少年学生接受。这些特点使得流行文化与青少年的所思、所感密切相关，容易引起他们的共鸣，成为其生活的一部分。

另外，流行文化在满足学生兴趣的同时，也为他们提供了具体的认识周围世界的看法，能潜移默化地改变学生的生活态度。因此，结合流行文化进行英语文化教学，能较好地影响学生的态度和个性，避免只是"在颈部以上"发生的学习，从而较大程度地真正实现罗杰斯的意义学习。

三、文化输入理论

美国语言学家克拉申（Krashen）的语言输入假说把语言学理论和语言教学结合起来，在外语教学界产生了广泛的影响。输入假说是克拉申语言习得理论的核心部分。克拉申认为，只有当习得者接触到可理解的语言输入，即略高于他现有语言技能水平的第二语言输入，而他又能把注意力集中于对意义或对信息的理解而不是对形式的理解时，才能产生习得。① 这就是他著名的 i+1 公式。i 代表习得者现有的水平，1 代表略高于习得者现有水平的语言材料。根据克拉申的观点，这种 i+1 的输入并不需要人们故意地去提供，只要习得者能理解输入，而他又有足够的量时，就自动地提供了这种输入。按照这一假设，在语言教学中，学习者在运用新习得的语言时，须置身于可理解语言信息输入和回馈的学习环境中。为了增强可理解语言信息，须创造出多样化真实的语言材料或现实的学习环境。但是目前在我国课堂上英语教学缺乏这种真实自然的语言环境。针对这种具体情况，应该对学生进行文化层面上的输入，也就是根据克拉申的 i+1 输入公式，从文化角度扩展输入内容，即在学生对该目的语基本理解的基础上对其再输入相关的文化内容。

语言和文化是密不可分的，语言反映着文化，文化又能帮助理解语言。舒曼（Schumann）的文化迁移模式用社会文化的差异，以及由此产生的社会心理距离指出人们因移入外国文化而学会相应的外国语，故社会群体和个人对目的语文化的态度决定了外语习得的成败。② 文化因素是语言教学过程中不可或缺的组成部分已成为外语教学界的共识。将文化因素引入外语教学，使语言学习者熟悉目的语文化，缩小对目的语文化所持有的社会心理距离，并使学习者对目的语文化产生种认同感和亲和力。这个理论表明学生对目的语的态度将会影响其学习效果，而态度的形成会受到目的语文化的影响。因此，文化输入能帮助学生更好地习得语言。

文化输入不仅包括基本文化知识的输入，同时还应该提高文化意识和理解文化差异。文化输入目标可以分解为紧密联系在一起的三个方面：社会文化体系；语言符号体系；信息的产生、传递和接受能力。语言学习，是一个通过大量的听、说、读、写活动，认识一个民族的社会文化体系，并逐步学会使用该民族的语言符号体系接收、产生、传达信息的过程。就一个文化体系的自身而言，语言是文化的一部分，但从语言习得的角度而言，文化是语言的内核，对于语言习得，与其说"九分语言（符号）一分文化"，不如说"九分文化一分语言"。语言学习脱离了文化，就像吃西瓜不吃瓜瓤，只啃瓜皮。文化输入就是使学生了解目标文化的有关知识，不仅包含该社会的规范、约定俗成的行为规则、价值观念和构成社会文化结构的定位，而且还包含从文化的视觉辨认重要事实的能力，以及具备区分可接受的文化和不可接受的文化的有关知识。

在当前的英语教学中重视文化输入有以下几点理由。其一，语言是文化的

---

① 王艳艳. 商务英语专业特色办学研究 [M]. 北京：世界图书北京出版公司，2013：63.
② 司联合. 过渡理论与语言教学 [M]. 南京：河海大学出版社，2004：215.

载体，又是文化的一部分。应该给学生提供大量的可理解输入，而绝大多数是来自西方国家的真实语料，如果不懂得其中蕴含的文化，就不能真正领会语言，那么，语言习得也就无从谈起。其二，在课堂上穿插讲解相关的英语文化背景知识，可扩大学生的知识面，激发他们学习英语的兴趣，并能帮助他们更好地理解所学材料的内容。其三，在介绍西方文化的同时，可与本民族文化进行比较，让学生知道两种文化的差异，帮助他们在跨文化交际中避免可能产生的语用失误，促成交际的成功。当然，文化的学习绝不限于课内，教师还应引导学生注意从真实的语言环境中了解英语的文化，从而逐步培养学生的跨文化交际能力。

四、图式理论

图式是指围绕某一个主题组织起来的知识的表征和贮存方式，包括大脑中已经存在的知识、经验、概念以及认知结构等。图式理论强调人们通过大脑中的既有知识、概念等对新事物进行加工、整合，进而再认识。图式对于人们理解事物具有重要意义。图式理论是一种关于人的知识是怎样被表征出来的，以及关于知识的表征如何以特有的方式有利于知识的应用的理论。

基于图式理论，阅读过程是读者在语篇的各个层次上和各个层次之间的自下而上和自上而下两种信息处理方式相互作用的过程，是读者的知识和语篇所传达的信息相互作用的过程。换言之，读者已有的语言、文化背景、客观世界等方面的知识帮助读者从语篇中获取信息；而语篇中的信息反过来激活、丰富了读者大脑中已有的知识。这个理论应用在阅读教学方面，就是要使学生在阅读语言材料时调用头脑中现存的图式，激发出和作者所表达的意思相符的图式，这样才能对语言材料有正确的理解。

目前的英语阅读教学只是对文化进行零散的介绍，而未达到系统性和完整性，效果也不理想。文化都是以语言为载体的，掌握了有关的文化背景知识，就可以降低语言的难度。图式理论辅助英语文化教学，主要通过以下途径实现。

首先，利用综合阅读方法进行阅读教学。多年来，英语阅读教学往往本末倒置，阅读活动一般是从词、短语到句子的活动过程，在教学过程中教师往往只强调并详细讲解新词、词组和句型的用法而忽略了课文的中心思想的分析。这种只见树木，不见森林的阅读教学模式难以提高阅读水平。根据图式理论，在教学中引进了综合阅读方法，如通过介绍文化背景、略读、理解测试、篇章分析、讨论与评价、课外阅读、读书报告写作等，引导学生进行跨文化的语言交际活动。

其次，运用文化背景知识预测阅读信息。文化背景知识的预测，是指在学生阅读前测验学生对文化背景知识及阅读材料内容的了解程度，预测能增加学生对阅读材料内容的感知力，使他们的理解更充分。这种预测可采用多项选择题和是非判断题的形式，不会占据太多的课堂时间。阅前文化背景知识预测活动能引起学生对所选读物的好奇心和期望感，能帮助对学生预测读物的某些内容，产生读的欲望。这样就能在很大程度上激活学生原有的背景知识，活跃学生的思维，为直接阅读创造条件。

最后，充分利用现代媒体传播英语文化信息。从图式阅读理论和教学实践中，可以看到学生背景知识或经验对阅读的重要性。在信息时代的今天，知识信息的传播媒介日益多样化和现代化，知识的更新程度也在不断地加快。作为知识性和语言技能型的阅读教学更应适应这种时代的变化，不应过于受制于特定的教材。应充分利用现代教学媒体和传播媒体的英语语言信息与外国文化信息，依据不同的知识图式和文化图式，按语域层次安排，补充阅读教学材料和教学计划。更重要的是，要结合学生的兴趣及其对社会的关注，把指定性教学与兴趣型教学结合起来，丰富阅读教学内容。

第二节 英语文化教学中的问题分析与改进路径

一、英语文化教学中的问题分析

（一）教学目标模糊不清

2007年颁布的《大学英语课程教学要求》在教学目标、内容、方法、模式手段、考评以及水平定位等方面与以前的教学大纲相比有了较大的变化。《要求》指出大学英语教学应以培养学生的英语综合应用能力为目标，使学生能够在今后的学习、工作和社会交往中使用英语有效地进行交际，但对"学生的英语综合应用能力"要达到什么程度，怎样才算是"有效地进行交际"并没有明确的阐释，而只是个比较模糊的描述。

《要求》还把具体的英语教学目标分成三个层次，即一般要求、较高要求和更高要求，希望各高等学校根据本校实际情况以这三个要求为参照标准制定符合本校实际的大学英语教学文件。而教学实际表明大多数高校由于种种原因根本不可能根据本校的实际情况制定自己的教学要求。学生对英语并没有现实的需求，也无法预料毕业后从事什么样的职业和该职业对英语能力的具体要求，因此也不知道究竟为自己设立一个什么样的英语学习目标。而现实的要求却是在一年或一学期后参加英语四、六级考试。因此许多大学生最终就只能把通过英语四、六级作为大学英语学习的终极目标。而有些学生学习英语的目的仅仅是为了通过英语考试取得文凭。可见学生对英语学习的目的基本处于混乱不清状态。

很多学校的领导也没有把英语教学与本校人才培养的规格和要求有机地融为一体，而是把英语教学作为独立于其人才培养体系之外的一种额外要求，因此没有也不可能对本校的英语教学做出准确的定位。大部分大学英语教师只是模糊地知道课程标准的要求，而对具体的要求并不清楚，因此只能把教材内容作为教学的主要目标。相当部分的教师的大学英语教学处于盲目的状态，没有明确的教学理念，教学目的不够明确。有的教师甚至直接把四、六级考试作为教学的目标。从这个意义上来讲，我国大多数高校的英语教学定位是模糊的。跨文化交际能力的培养则更没能提到日程上来。大多数英语教师只能对跨文化交际能力的概念略做分析，至于跨文化交际能力的内容也只是从对文化的理解谈及文化习俗、风土人情等，自然也不会把跨文化交际能力的培养列为英语教学的目标。

（二）文化教学严重缺失

毋庸置疑，学习一门外语，就意味着学习它所构筑的一整套文化视界；掌握一门外语，就意味着获得一种新的对世界的看法。大学毕业生具有良好的英语综合应用能力，不仅可以提升我国的国际竞争力，也有助于促进中国和世界的相互了解，增强我国文化软实力。语言教学就是文化教学，文化从学习者开始学习英语的第一天起就始终渗透其整个学习过程中。但是，我国的英语教学往往存在着文化教学缺失的问题，这个问题也逐渐引起了广大英语教育者的关注和忧虑，归纳起来，主要有以下几个方面因素造成了这个局面。

1. 学生的学习动机和文化素养问题

从学生的角度看，英语学习动机和学生文化素养问题值得关注。从整体来看，大学生的英语学习兴趣不高，功利思想严重。一方面，孤立的词汇、句型学习和语法操练很难满足大学生的学习诉求，内容单一的教学形式、死板的课堂气氛扼杀了学生的学习积极性和创造性。另一方面，功利性的学习目的必然导致以应试为中心的学习内容，大部分学生习惯于把宝贵的英语课堂当作考试的练兵场和集训营，主观上对文化教学内容产生轻视甚至抵触的情绪，更谈不上主动通过视听、阅读、写作等多种手段去拓展文化视野。在英语学习中，学生表现出单词拼写能力弱、书面表达功底差、中西方文化常识匮乏、人文素养浅薄等问题。这从客观上制约了英语学习的深度和广度，进而极大影响了语用能力和跨文化交际能力。

2. 教师的教学观念和教学方法问题

从英语教师的角度看，教学观念和教学方法有待提升。多年来，在我国传统教学和考试的压力之下，很多英语教师习惯于向学生教授语法、词汇等语言基础知识而忽略了英语文化教学。与此同时，以教师讲授和学生机械记忆为主的教学方法占据着大多数课堂。造成这种局面的原因主要有两方面。从主观而言，英语教师承担着较重的教学任务，教授的课程缺乏变化，长此以往容易产生职业倦怠的现象，不愿对教材、教学方法和教学思路做出调整。从客观而言，英语教师自身的知识结构和综合文化素养存在缺失，英语教师多为语言学或文学出身，很可能对跨文化交际、英语教学理论、教学法、学习策略等领域并不熟知。所以，强化教师"终身学习"的理念非常重要。只有英语教师具备了跨学科的知识体系和开放创新的教学理念，才能有计划地去培养学生的文化意识和文化能力。

3. 社会的评价体系和主流价值观问题

从社会的大环境看，测试评价体系和主流价值观需要引起重视。当下的英语测试手段，主要是通过考察笔试和听力来检测学生的基本语言技能，几乎不考察学生的英语实际应用能力和跨文化交际能力。这样的评价体系很容易造成学生的认知误区和用人单位人才浪费等后果。另外，社会的主流价值观也需要强化，对年轻人而言，成功的定义不应局限于找到一份体面的工作、获得一个国外名牌大学的录取通知书，而出色的英语能力也绝不只是满足上述要求的工具。中西方文化素养和跨文化能力既是一个当代大学生应具备的要件，也是传播本国文化和与他国人员成功交际的前提。

(三) 语言环境与交际场景匮乏

文化学习环境包括自然环境和构建环境两种。前者指的是学习者目前所处的社会大环境，后者一般指的是学习者接受教育的课堂小环境。

众所周知，英语教学有 ESL（English as a Second Language，以英语为第二语言/外语）和 EFL（English as a Foreign Language）之分，两者的主要区别在于语言环境的不同。ESL 指的是在目的语言、社会和文化环境中的英语学习，如亚非移民在美国学英语，学习者周围有众多使用该语的本族语使用者。因此学习者除了课堂英语学习之外，还可以通过新闻媒介、官方文件和广告等形式接触目的语的语言和文化。然而，EFL 的学习者很难有这样的语言环境，他们主要以课堂教学为主要渠道。这两种社会文化环境对于学习者的语言和文化输入量以及学习动机都有很大的影响。

  首先，在两种社会文化环境中，语言和文化输入量有着明显的差别，而语言和文化输入量的多少又直接关系到学习者文化学习的效果。ESL 为学习者提供了极好的文化体验和实践环境，有利于学习者从情感上习惯和接受文化差异，从目的语文化价值观的角度去理解目的语文化行为，学习者能够在认知、情感和行为各个层面获得全面发展。相对而言，EFL 只能通过角色表演、案例教学等手段来提高学习者的跨文化敏感性。此外，在两种社会文化环境中学习目的语文化，学习者的动机也有显著的差异。在 ESL 环境中，学习者为了适应主流文化，更好地与人相处，乃至更快地融入主流社会，他们都会利用各种机会学习目的语文化，学习效果显著。而在 EFL 环境中，由于缺少实践机会，学习者学习目的语文化的动力明显不足，效果也不显著。

  由于缺乏真实性，教室环境对于文化学习而言存在很多的局限性。教室环境是一个非自然的社区环境，因此基于教室的学习在本质上属于认知和推理层面的学习，无法深入到文化知识根基里去，其仅仅有益于对规则的学习，但无助于语言和文化的习得。在具体实践中，利用多媒体和网络的虚拟真实环境可以弥补教室环境文化真实性的不足。网络环境下的文化学习，有利于学习者学习主体作用的发挥，最大限度地实现网络环境与课堂教学模式的有机结合。同时通过网络链接或运用新闻报道、电影、录像等真实材料把目的语国家活生生的文化带进语言教室，增强了教室环境的交互性与真实性，有效地激活了学生大脑中已有知识的图式结构，整合了他们所具有的多种知识和技能，促进了学生对所学文化知识的意义建构。

  语言环境在外语学习过程中起着至关重要的作用，是对外语学习产生重要影响的一个关键因素。英语学习是人们在一定的语境下，通过口语或书面语相互交际的过程，它是在一定言语使用区域中进行的，绝不是一个孤立的学习过程。

  语言需要在适当的语言环境中被操练和运用，用得多了，用得熟练了，自然而然就被掌握了。没有恰当、合适的语言环境，任何语言学习者都不可能学好语言，因为他无法把所学语言与实际语言交际场景结合起来。得不到实际应用的检验，所学语言就不能生动起来，不能适应灵活多变的语言环境。在中国的英语教学中，教师与学生所处的正是这样一种"不能生动起来"的语言环境，教师不是真正意义上的英语母语者，课堂内外教师与学生共有、共享的是同一种文化和语言，英语使用的机会非常之少。除了课堂上使用英语，有点英语学习的氛围之外，其他时间里，就很难感受到英语学习的气息了，学校和英语教师也没有什么好的办法在汉语环境里为学生创造较好的英语学习环境。从对教师的访谈中，我们了解到除个别教师由于工作关系与外教接触较多外，其他教师很少有与母语为英语的人进行交际的机会，学生则更是如此。由于缺乏学习英语的语言环境，学生的学习兴趣无法被充分地激发出来。

二、英语文化教学的改进路径

(一) 确立多元的英语文化教学目标

大学有培养学生具备人文理性和人文关怀的职责，因此，在英语教学中重"功利"、轻"育人"，这是万万不可取的。英语教学就是意在通过语言的学习，使学生培养并具备一种新的文化意识，能够在了解别的英语国家文化的基础上，比较鉴赏不同的文化，取其精华、去其糟粕，提升自身的综合素质。通过掌握语言的学习方法，进而养成良好的学习习惯，便能提高学习的整体效率，这也正是通识教育的主要目的。理想的、科学的英语文化教学目标应该是多元的。

结合《世界高等教育宣言》及《世界文化多样性宣言》中对多元文化目标的解读，我们对英语课程教学目标提出了更多的要求。

其一，要越来越重视学生多元文化素养的培养。在经济活动全球化的背景下，人才流动已在世界悄然进行。具有多元文化素养的人才是今后各个行业中不可多得的人才，多元文化素养包括了全球意识，它要求学生不仅能对外国文化吸取精华、弃其糟粕，而且还对本土文化有比较深刻的理解，保持自己看待问题和处理问题的独立性。

其二，要加强学生跨文化交际能力的培养。跨文化交际能力是一种与非本民族交往的行为能力，尤其是指避免和消除跨文化冲突、形成和发扬跨文化融合的能力，它包括以下几个方面：一是跨文化认识能力，即通过观察、走访、调研、阅读、分析、沟通等形式加深对英语文化的理解，使学生具备一定的认知与沟通能力；二是跨文化比较能力，即通过比较母语文化与英语文化的异同，使学生加深对两种文化的理解，从而促进本民族文化与全世界文化的共同发展；三是跨文化取舍能力，即在认知英语文化后，选择学习或舍弃其中某些成分，使学生在英语学习中树立汲取西方文化先进部分，舍弃西方文化落后部分的意识，取其精华，去其糟粕；四是跨文化参照能力，即在认知英语文化后，不仅对英语文化进行取舍，更以英语文化为参照对象，发现汉语文化中值得发扬或者应该舍弃的部分；五是跨文化传播能力，即在与异民族交往的过程中，主动让异民族了解本民族的文化，这也是英语文化教学的终极目标。

其三，各校应结合自身特点制定不同的教学目标。各高等学校应参照《教学要求》中的总体要求，根据本校自身的实际情况，制定科学、系统、个性化的英语教学大纲，指导本校的英语教学，有条件的学校可以为本校的不同专业确立符合专业就业领域、充分体现专业特点、彰显个性化特征的教学目标，这样的教学目标才更有针对性，才能为取得最佳的教学效果奠定基础，才能为社会更好地服务。

(二) 培养学生的文化意识，加强教师的文化修养

1. 加强课外阅读

学习和掌握英语文化仅靠有限的课堂时间是远远不够的，学生要充分利用课余时间通过各种渠道扩大自己的英语文化知识。学生在课外应大量阅读英语报刊。这些报刊信息既新又快、内容广泛，包括时事新闻、政治、经济、社会、文化等各方面的材料，图文并茂，引人入胜，它们的语言是实际生活中语言的真实反映，为学生学习英语文化知识提供了丰富的资源。另外，学生还应充分利用图书馆的文学作品，不管是西方文学名著，还是有关西方世界的文化历史、典故、名人轶事、重大科技发明等的书籍，广泛阅读并留心去积累有关背景习俗、社会关系等方面的知识，体会英美文化与汉文化的差异，从而为英语交际能力的培养奠定扎实的基础。

2. 将文化知识融入课堂教学

传统的教学模式是以单元教学为主题，强调语音语调准确，词汇量大，侧重词汇的搭配和使用，应试能力强，往往忽略了文化因素。在课堂上，英语教师是教学的主体，学生除了在课上听课，就是课下做大量的练习题。以这样的方式培养出来的学生一般基础扎实，能熟练掌握单词的用法，可以用英语写作。但由于不了解异国的文化，这样的学生无法正确理解和运用英语，无法进行得体的交流。所以教师应改变课堂教学模式，在课堂教学中应加强文化知识的渗透，培养学生的文化意识。

3. 加强教师的自身文化修养

改革中的大学英语教学，教师仍然是教学的主体，是语言知识的讲授者，既然教师在语言教学中扮演着重要的角色，那么教师要想在教学中渗透文化知识，就必须加强自身的文化修养，了解中西方文化在称呼、招呼语、感谢、谦虚、赞扬、表示关心、谈话题材和价值观念等方面的差异，同时熟悉中西方不同的风俗习惯、价值标准、思维方式和宗教信仰等。

(三) 营造良好的文化学习氛围

良好的校园文化氛围可以促进学生的英语文化学习，学校和教师可以举办各种各样的比赛和活动，来增添校园的英语文化气氛。例如，可以举办一些文化讲座、英语字谜、英语竞赛等活动，也可以按照西方人的方式来庆祝一些节

日，如感恩节、万圣节等。这些活动可以让英语文化变得更形象具体，有力地补充了课堂英语文化教学。在实际的英语文化教学中仍存在一定的问题，比如，文化教学的教材内容不能满足学生的需要，现实中约束太多等。同时，教师在课堂教学时，文化教学的内容不够鲜活，方法单一，不能有效地调动学生的积极性。学生课堂主动性不高，教师掌握着话语权，不能给学生进行有效文化交际的时间与空间。有时学生能从同学中学到更多知识，并且，同龄人之间更容易进行情感交流。教师应改变文化教学的传统教学方式，让学生去感受、发现、分享，转变传统课堂中的学生角色。最后，教师受限于很多客观条件，尤其是教育评价机制、教学时间、素材资源。面对考试，教师仍旧没有改变传统教学方式，教学时间紧迫，素材资源的来源比较匮乏，本身社会大环境就不重视文化意识的培养。另外，一些教师感到力不从心，文化教学对他们来说是个比较大的挑战。要想使文化教学的效果切实提高，则需要做到：充分挖掘课本文化知识，采用多样化教学模式，采用适当教法，并在此基础上营造良好文化教学环境。

第三节 跨文化指导下的英语文化教学建构

一、跨文化指导下的英语文化教学内容

语言是思维的外在体现，思维思考方式是文化在人心理活动中的体现。语言与文化是相互产生影响的哲学关系。培养学生对于文化的认识，特别是对于英语国家文化的认识，对于英语教学有着重要的积极意义。我国在英语教育领域中将教学内容规划整体划分为：英语语言知识、英语应用技能、英语学习策略和跨文化交际四个主要教学区域。其中，跨文化交际部分主要教学目标就是通过向学生传输有关英语文化的知识内容，培养学生对于英语实际当中应用的理解和掌握，从而提高学生的英语实际水平。

教师向学生系统讲解英语民族的文化生活部分，是英语教学各阶段过程中不可或缺的部分，是推动学生对于英语知识的理解和运用的有效策略。英语文化的规则和英语文化的模式是真正理解英语语言的切入点，只有更全面更深入地了解英语国家文化，才是真正学好英语语言的前提。现在我国整体英语教学环境处在重视英语语言知识忽视英语文化内容的教学理念中，这种教学方向上的失衡，导致英语语言教学失去了成长的根基，从而难以提升英语教学效果。

学生对于英语文化的认知，不但是英语学习过程必须包含的部分，也是重要的构成部分。对文化部分的教学不仅在提升语言教学效果上有明显而积极的作用，而且间接地提高了学生的综合素质。文化的培养是学生全面能力的基础性教育，在教学内容中应与学科专业知识占有同样的教学比重，两种教学内容相辅相成，是相互促进的教学关系。

英语文化学习与汉语文化学习以及汉英文化比较在教学规划和教学活动中协同进行，能够帮助学生对英语文化进行深层次的理解。英语教材中缺少汉语文化与英语文化相对比的信息，这需要教师克服教材的局限性，努力提高对于两种文化共同性与差异性的理解和认识，从而在教学活动中对学生进行引导和指明。同一个词在英语文化中和汉语文化中的解释很可能是多种的，比如，汉语文化中的红色是代表喜庆和吉祥的，在很多语境中是积极的意向。而在英语文化中，红色不仅是颜色的一种，更多的是侵略性的象征，在很多语境中是负面的意向。同一个词在不同文化的不同语境中代表不同的应用效果。所以教师在实践教学过程中，应向学生指明该词在汉语文化中的应用效果和英语文化中的应用效果，运用对照的方式阐明词、句的区别理解。两种文化的差异是语言学习最根本的困难，这种困难影响学生的英语实际运用能力。通常解决学生英语运用能力难题的办法是鼓励学生到实践中摸索，这虽不失为一种有效方式，但不是最佳方式。只有通过教学活动中教师对于文化内容部分的正确讲解和引导，才是解决学生英语应用问题的根本策略，也是英语跨文化教学模式的重要组成部分。

二、跨文化指导下的英语文化教学原则

（一）文化平等原则

世界上各个民族的历史文化传统不同，生活环境、发展程度不同，但各种文化都是平等的，各种不同的文化并无好坏之分。各民族文化都是经过一代又一代传承、积淀形成的历史渊源。文化平等意识是双向文化导入的基础。跨文化交际是两种不同文化间的交流，是本土文化和目标语文化间的交流，其实质是在相互平等、相互尊重的基础上充分理解对方而不改变自己的平等交际。每一种文化都是其社会生活发展的产物，是用来满足该文化群体的生活和精神需要的，因此不能用好坏标准来判断。中西文化都有自己的特点，因此面对西方文化既不能自卑又不能盲从，在教学中要客观地以无歧视、无偏见的态度来对待异族文化。只有相互尊重、相互学习，才能达到共同繁荣。所以，文化平等原则是双向文化导入的基础。

在跨文化交际中，必须克服以本民族的文化标准来衡量或判断对方的言行的想法和行为，避免用本民族标准来判断好坏对错。只有在相互尊重的基础上，才能以平和的心态去审视、吸收另一民族的文化精华。因此，在英语文化教学中必须让学生树立文化平等意识，只论异同，不论褒贬，以中立的态度理解和学习西方文化，同时，又要学会用英语去讲述中华民族的灿烂文化。

（二）吸收原则

历史经验告诉我们，全盘目标文化与全盘本位文化都是不可取的，一国文化在适应世界文化多元化的同时还要保持自己的独立性和民族性才能更好地生存，去粗取精是必然结果。在中西方文化发展的过程中，由于受到当时社会的政治、经济及科技的制约，必然有一部分内容具有时代局限性，有些内容甚至是有悖科学发展的。在英语文化教学中，注意摒弃过时的、不健康的文化信息，重视正面的、积极的文化信息，吸收英语文化的精髓为我作用。

"求同"在文化教学中容易把握及实施，学生也较容易理解；"存异"却是在教学中应该着重讲授的方面。对待异于本民族文化之处，首先要认知、理解，分清楚哪些是可接受的，哪些是不可接受的，对于其中的一些闪光点，甚至是可以欣赏的。例如，"龙"在中国文化中是一种象征吉祥的神物，而西方人却认为这是邪恶的象征，是凶残暴虐的怪物。如果学生缺乏对两种文化差异的认知，必然会导致在交际过程中出现错误。

（三）有效性原则

英语学习的最终目的是具备跨文化交际能力。有效的交际除了依赖于共享同一语言系统之外，还依赖于交际双方对宽泛的交际环境、具体的交际环境这些相关因素的理解和掌握。这里宽泛的交际环境包括文化环境、心理环境和自然地理环境因素等；在具体的交际环境中，情境因素是指交际双方的社会地位、角色关系、交际发生的场合、所涉及的话题等，而规范系统是指某一社会成员规定的行为方式，以使其能被本社会的其他成员所理解。跨文化交际双方要想进行有效交际，必须实现以上这些方面的共享。因此，英语教学中文化内容的选择必须包括价值观念文化、地理文化、情景文化、社会规范文化（言语规则和非言语规则），充分考虑文化内容的有效性。

（四）结合性原则

1. 认知学习与体验学习相结合

传统的文化教学主要采用讲授—阅读—讨论的教学模式，这种以认知为本的文化教学模式有利于学生学习文化知识，但对于培养学生的跨文化交际能力不能发挥太大作用。因为跨文化交际能力是包括知识、行为和态度的综合能力，所以很多学者都倡导体验型学习或以过程为本的教学模式。这种体验型文化学习模式以四个环节的学习循环模型为理论基础，即文化体验、文化观察、文化概括、文化实践。语言课堂上采用体验型学习模式进行文化教学确实促进了学生文化意识和跨文化意识的提高。自我评估问卷调查、角色扮演、小组活动、案例分析、跨文化比较与互动等都是体验型文化学习的活动。

有效而成功的跨文化交际培训需要融合认知和体验两种模式。一般来说，认知学习的方法更适合客观文化内容的教学，而体验型学习的方法更适合主观文化和语言中文化因素的学习。但即使在客观文化的教学中，学生参与讨论和互动也是必要的环节。

2. 文化的显性因素与隐性因素相结合

英语文化教学的内容有些是显性的，如文化产品、文化制度、文化行为等；有些是隐性的，如价值观、思维方式、交际风格等。传统的英语文化教学往往只关注文化的显性部分，而忽视了文化的隐性因素。事实上，隐性的文化因素如价值观、行为规范等恰恰与跨文化交际能力的关系最为密切。实际上，跨文化交际中的大部分误解来源于主观文化的层面。另外，文化的显性因素和隐性因素往往是互相联系的。可见的文化产品和习俗反映了隐性的文化观念，而隐性的文化观念体现在可见的文化产品和习俗中。只有了解了一种文化的产品、习俗和观念的相互关系，才能把握这种文化的本质特点。如果在英语文化教学中只讲解文化现象，只介绍可见的文化行为和习俗，而缺少对于文化现象背后的文化原因的分析，学生很容易形成刻板印象，甚至会产生"这种文化很奇怪"的想法。因此，在英语文化教学中，应该把文化产品、文化行为习惯、文化观念的教学结合起来。

3. 课堂教学与课外文化实践相结合

学习英语与英语文化最好的途径是沉浸在那种文化环境中"习得"语言和文化。在英语文化教学中，可以借鉴人类学的"田野工作"模式，即让学生在英语文化中进行观察、参与和交流。文化实践主要有以下两方面优点：一是能提供真实的文化体验，让学生切实感受到英语文化的多样性和动态性，并从文化的内部来理解英语文化的特征；二是能提供用英语进行实际交往的机会，使文化实践既包括文化学习又包括语言学习，同时培养学生的文化学习能力和英语交际能力。但是，文化学习如果仅有体验和参与而没有思考和概括，就会流于肤浅、零碎并缺乏系统性。因此，课堂外的文化实践还需要与课堂上的学习结合起来，只有这样才完成了体验型学习的四个阶段的循环，才能真正提高跨文化交际的综合能力。

三、跨文化指导下的英语文化教学方法

(一) 词语联想

词语联想是英语文化教学的一种方法。词语不仅具有概念意义，还具有内涵意义，而词语联想的方法可以让学生看到词汇内涵意义在不同文化中的差别。词语联想这一方法的优点是：可以让学生了解到词语的文化内涵，并了解词语内涵意义的文化差异；加深对于词语的理解和记忆，扩大词汇量。词语联想的教学步骤是：把具有丰富文化内涵或者文化差异较大的词语写在黑板上，让学生尽量多地想出与这个词语相关的词语，教师解释该词语在英语中的内涵意义是什么，包括褒贬色彩、象征意义及常用搭配等，而后把外国人会联想到的词语与学生们联想的词语进行比较，使学生了解该词语含义的文化差异。不同的学生可能联想到不同的词语，借此可以了解这些词语在英语中的特定文化内涵。

(二) 角色扮演

角色扮演是英语文化教学的重要方法，也是课堂交际活动的常见形式。使用角色扮演方法来学习文化的优点是：便于学生理解语言使用与语境之间的关系提高言语行为的得体性；帮助学生理解语言使用规则与文化的密切关系，理解语言使用背后的文化含义；提高学生在真实环境中的交际能力；体现了语言形式功能和文化的有机结合。在英语文化教学中，角色扮演的活动可以包括以下的教学步骤：学习相关的语言表达方式；教师提供语言使用的具体情境；学生分组表演，实施言语行为；各组在全班表演，教师指出在英语文化环境中哪些是得体、礼貌的行为；师生讨论在不同文化中类似情景是如何表现的。

(三) 小组任务

小组任务是语言课堂的交际活动之一，也是任务教学法的主要方式。在英语文化教学中，使用小组任务的形式的优点是：活动以意义为中心，具有真实交际的特点；话题的讨论与语言形式的使用相结合，体现了语言教学与文化教学的融合提高了学生使用语言进行互动和协商的频率和质量；小组活动可以降低学生的焦虑情绪，增强学生学习语言和文化的动机和兴趣。小组任务形式多样，包括采访、交流看法、解决问题、问卷调查、辩论等。影响小组任务能否成功完成的因素主要有两点：一是教师需要制作供学生使用的任务单，把任务

具体化；二是要列出学生完成任务所需要使用的词语和表达方式。

（四）文化比较

英语教学是跨文化的教学，英语课堂提供了进行文化比较和跨文化互动的机会和平台。文化比较的方法在语言文化学习中占有中心的地位。文化比较作为文化教学的方法或活动，有以下的优点：通过比较可以加深学生对于不同语言和文化特征的理解；可以提高学生的跨文化意识和文化敏感度；可以培养学生对于不同文化行为和观念的宽容态度；可以增强学生对语言和文化学习的动机和兴趣。文化比较的内容范围很广，可以是词语含义的比较，语用表达和规则的比较，也可以是文化习俗和观念的比较。英语教师的任务是为学生提供表达自己对英语文化看法的机会，提供跨文化互动和交流的平台。文化比较往往是其他文化教学活动的一部分，如在角色扮演、小组任务案例分析等活动之后都可以进行跨文化的比较。

（五）结合电影素材

原声电影是英语教学中被广泛使用的教学媒介，在跨文化英语教学课堂中使用原声电影，不仅能使学生在营造出的真实语言环境中感受地道的外语，而且电影提供了原汁原味的文化将语言教学和文化教学结合起来，使语言教学语境化，并赋予语言教学切实的内容和目的。与此同时，电影有相对完整的故事情节，在建构好的文化情境中帮助学生认识英语文化现象，了解英语文化影响下的行为模式的差异。通过与本族文化对比，使学生能够深入思考文化差异的根源，使之建立更加系统的文化知识体系。原声电影为学生与不同文化背景的人的互动，以及应付各种跨文化情境提供行为模式。电影中的故事也许不是最完美的，但电影能引导学生关注生活中的许多跨文化误解和矛盾。

原声电影素材广泛，可以为英语学习者提供丰富的文化知识，包括本族文化知识以及其他国家的文化知识，帮助他们建立全球视野。然而，需要注意的是媒体具有教化功能。长期以来，媒体都是跨文化语言学习的一种渠道，可是纷至沓来的信息可能准确也可能不准确，可能与实际情况有少许出入，或是一种定型观念。观影者以各自的视角去看待影片中的不同文化和个人，怀揣不同的态度，有包容、欣赏也有偏见和厌恶。在跨文化英语课堂中运用原文电影指导学生进行跨文化交际能力训练，需要针对学生及教学内容设计相应的教学方法，而不是单纯地"放电影"。

跨文化英语教学的基本出发点是将英语作为国际通用语进行教学，将培养跨文化交际能力作为教学的最终目标。因此，英语和文化仍是跨文化英语教学的重要内容之一，而让学生在英语课堂中切实感受跨文化交际过程是培养学生跨文化交际能力的主要手段。

运用原声电影于跨文化英语教学课堂，首先，要选择合适的电影素材。课堂中所用的视听材料和主题必须是真实的，具有代表性的，同时能反映英语文化的不同侧面。现今许多西方电影为了吸引观众的眼球纷纷借鉴中国元素，如《花木兰》从中国传统文学中寻找题材，《功夫熊猫》用中国功夫做包装，这些影片就是所谓的"新瓶装旧酒"，从故事情节到人物仍离不开西方文化的价值取向。其次，选择适合的课堂主题。对每个教学单元设立一个文化主题，以此为纽带建立一个动态的文化教学过程，其中强调文化与语言的关联性建构，包括文化知识、文化认知、文化态度等，围绕该文化主题引导学生分析一个国家和语言群体的文化事实，将语言与文化教学系统地结合起来。家庭是一个普遍的、重要的文化主题，反映家庭价值取向差异的电影有李安导演的"父亲三部曲"，包括《推手》《喜宴》和《饮食男女》。击垮文化误解与冲突，展现移民家庭在美国生活的影片，如《我的盛大希腊婚礼》《刮痧》以及《名字的故事》等是用于教学中解读中美文化差异的有效影视材料。再次，课堂中学生积极的互动与思考离不开有效的提问。针对课堂主题设计有效的问题，改变学生被动接受的教学模式是引导学生进入跨文化情境，带动学生进行发散思考的基础。最后，课后反馈是检验课堂效果的重要依据。学生以小组为单位参加课堂活动，并合作对课堂主题进行独立研究，小组将整理、理解后的跨文化研究成果展示给全班。

（六）依托信息技术

1. 创设情境，营造文化氛围

语言的使用是在一定的社会环境中进行的。人是知识的建构者和积极探索者，知识的建构需要人与环境的交互。创设情境是建构意义的前提。英语教师应创设信息丰富的环境，为学生提供更为真实的语言情境和语言信息输入，使学生能真实、自然地学习英语。信息技术的发展为建构主义学习理论的实施创设了良好的环境。由于信息技术具有传输量大、信息容量大、效率高等特点，因此在课堂教学中，运用信息技术能使信息展示的方式更具多模态化，能在单位时间内为学生提供更高容量的学习资源。这是英语文化输入的有效途径。同时，当学生置身于真实的情境中，能亲身体验英语文化的美，体验英语文化的新奇和快乐，在体验中增强对英语文化的理解和认知，激发学生学习英语文化的积极性和主动性。

2. 组织协作，提倡交互式合作学习

在信息技术背景下，进行有效地组织和安排也是英语文化教学的关键。英语学习的关键在于教师如何进行分组，如何组织学生协作完成学习任务。通过协作学习，教师和参与活动的学生都能构筑为一个学习共同体，师生之间、学生之间、学生与媒体之间进行交互，即在交互协作的过程中对学生的旧有图示进行激活，建构更为全面、准确的语言意义。通过协作学习，调动学生的学习兴趣，激发学生的思维和智慧，使整个团队或群体完成对知识和任务的意义建构。在基于信息技术开展英语文化教学的过程中，教师应从文化主题、交际内容出发，为学生设计和安排一些操作性强、任务性重的教学任务，并对任务的内容给予具体的建议和要求。然后，教师将学生分成几个小组，确保组内的成员存在一些互补性和差异性，让小组内进行交流，对任务中的文化内容进行总结，让每个学生都有机会发挥自己的优点，使不同观点相互交流与碰撞，培养跨文化交际能力。

3. 组织会话，展示学习成果

在信息技术背景下开展英语文化教学，会话是不可缺少的，学习小组间需要经过协商和会话来完成既定的任务。在会话过程中，每位学生的思维成果都能为组内成员共享，最终实现学习任务意义的建构。之后，教师以小组的形式让学生展示讨论的结果，展示可以采取多种方式，如角色扮演、演讲、专题汇报、情境模仿、案例分析等。在展示的过程中，学生可以准备一些提纲、PPT课件、录音材料等。通过展示，教师可以了解学生对英语文化知识的掌握情况，为下一阶段的任务学习做准备。

4. 总结归纳，完成意义建构

语言学习是一个积极的建构过程，学生不是被动的接受者，而是根据自己的认知结构有选择地、主动地知觉外在过程，因此每位学生都在自己固有知识的基础上对新知识进行编码建构和理解。同时，固有的知识又因为新知识的融入而发生改变和调整，因此学习过程不仅仅是信息的输入、提取、存储，还是新旧信息之间的交互，从而实现有意义的建构。基于信息技术背景开展英语文化教学，学生可以通过小组讨论，调动各种语言、非语言资源来建构意义，激发学生对两种语言文化的学习兴趣，使学生在本族文化中感受英语文化的魅力，不断培养跨文化交际意识，增强对英语文化的理解。学生通过对相同问题进行总结，拓展自己的知识面，加深对跨文化交际的理解，实现对英语文化的意义建构和主动探索。

第三章　基于跨文化交际的英语听力教学研究

在英语听力教学中，教师不仅需要重视语言的学习，同时还应该加强文化习俗的弘扬，为学生营造真实、纯正的英语学习氛围与环境，从而进一步激发学生的英语学习积极性。本章对基于跨文化交际的英语听力教学进行研究。

第一节　英语听力教学概述

一、英语听力教学的重要性

心理语言学家认为，外语学习过程和母语习得有很多共同之处，都应先从口语，即从说开始。[①] 因为听说是人类交际活动中最为生动、活跃和完美的一种形式。心理学家和多数外语语言学家都持这样的看法，在听、说、读、写教学活动中，应坚持听说为先的原则，坚持在情景中理解和掌握口语的基本技巧。

从 20 世纪 40 年代至 60 年代统治美国语言教学的"听说法"和流行欧洲的"视听法"，到 20 世纪 70 年代以来盛行的以培养交际能力为主的"交际法"，无不强调听力在外语学习中的重要性。语言是交际的工具，学习语言的最终目的是为了交际，现代社会中的有声交际大大高于其他类型的交际。交际过程中参与交际的一方如果不能听懂另一方所说，交际便无法进行。由此可见听力在语言学习和语言交际实践中的重要性。

由于听力在当今人类社会生活中占有极其重要的地位，因此引起了国内外教育界人士的普遍重视。有资料说明，我国不少文、理、工、农、医等高等院

---

① 21 世纪大学英语研究会. 大学英语教学探索与实践 2006 年论文集 [M]. 上海：复旦大学出版社，2006：12.

校，尤其是重点院校十分重视学生的英语听力，有的甚至开设了英语听力课。许多干部英语进修班、短训班也把英语听力课作为必修课。这都说明，国内已有越来越多的人认识到英语听力的重要地位。

可见，在英语教学中，加强听说势在必行，刻不容缓，也是时代赋予我们的一项重大使命。作为一名英语教师，一定要有责任感和紧迫感，勇挑这一重担。同时也希望有关教育行政部门及领导对这个问题给予足够的重视和必要的支持。在外语教学过程中，外语教学工作者应该懂得学习者的听、说、读、写能力的发展从来都是不平衡的，要根据具体情况分别对待。一些外语学习者擅长接收（receptive）或被动（passive）的外语运用，如听和读以及对他人言谈的洞察力和理解力；而另一些学习者则在表达性（productive）、积极性（active）的外语运用方面，如说和写以及对自己思想的表达得心应手。一些人比较擅长于外语的听觉形式，如听和说；而另一些人在外语的书面运用上（读和写）却畅通无阻。理论上的语言知识和实际说话习惯与技巧之间的联系还决定于个体的特性，一些人在理论知识上占优势，而另一些人却在实际说话习惯与技巧上比较强。这种不同的优势还受词汇和语法知识的影响，一些人抱怨说词汇比较难，一些人则说学习语法不容易。

外语听、说、读、写的关系实际上是外语口语与书面语的关系，口语是书面语有声的形式，书面语是口头语言的文字记录，口语在前，书面语在后，这是人类语言发展和实践的规律。听是说的一部分，它和说同样重要，阅读较难学，写作应放在最后。

通过总结近年来的试验经验，广泛交流，进一步解放思想和转变教学方式，努力扩大教学成果，这对于推动中小学英语教学和高等院校的英语教学，乃至发展整个外语教学都有着深远意义。

二、英语听力教学的理论基础

在听说读写四项技能中，听被称为"接受性技能"，但是这并不意味着听就是一个被动的接收过程，实际上，听是一个非常主动的、积极的信息处理过程。心理语言学的研究表明，听的过程与人的记忆具有密切的关系。根据识记与保持的时间的长短可以把人的记忆分为瞬时记忆、短时记忆和长时记忆三种。三者各自承担着不同的任务，形成一个完整的信息记忆与处理系统。瞬时记忆就是在感知事物后极短时间内（如一秒钟左右）的记忆；短时记忆就是经过识记过程，在较短时间内（如几秒至几十秒）的记忆；长时记忆则是在较长时间内（如以日、月、年计的时间）的记忆。这三种记忆除了在获得与保持的时间长短上有区别以外，在其他一些方面也有所不同，如在记忆广度、记忆内容的形象性、信息提取的难易程度以及生理机制方面等等瞬时记忆是由感官直接传入的，因此一般具有比较鲜明的感觉形象性，也可称为感知记忆。它的保持时间极短，一般认为约在一秒钟左右。它的重现是很容易的。瞬时记忆有一定的广度，如果材料各项间没有特殊的联系，则各种不同性质材料（如数字、字母、无意义音节等）的瞬时记忆广度大约都是 7 个项目（或单元）左右。瞬时记忆的生理机制可能是神经细胞群在刺激后的继续活动。它是由一种短时的电化学反映所引起的，但会随着时间的推移而自动消退，它的活动痕迹的神经组织范围也是比较狭小的。短时记忆的保持时间虽比瞬时记忆为长，但也是很短的。一般认为，它的保持时间是以秒计算的，最长也不过是一分钟左右。例如在电话簿上查到一个不熟悉的电话号码后，我们就能根据短时记忆拨出这个号码，但是在拨完号码后，甚至在拨号过程中便会把它忘掉。要使材料保持在短时记忆中复述是必要的；否则很快（如不到半分钟）就会被遗忘。短时记忆的重现也是比较容易的。短时记忆的数量或广度也很有限，和瞬时记忆一样，它的广度一般也只是 7 个左右的无联系的项目（如数字、字母或词等）。它的生理机制也基本上和瞬时记忆相同，不过持续的时间略长而已。

　　长时记忆指在识记一项材料后经过一长段时间能够把它背诵出来的能力。长时记忆能够保持的时间是较长的——从几分钟、几小时、几个月、几年，直到终身。长时记忆的数量极大，可以说并无限度。事实上它可以包括一个人的全部知识。又由于它的数量极大，有时就不免使回忆发生一定的困难。长时记忆的主要条件是复习。长时记忆（特别是语文材料的记忆）的特点之一是记住了信息的意义，而不只是机械地记住了一些彼此孤立的单元如词等等。长时记忆的识记是一个组织、建造的过程，所以它所存储的全部知识也是一个有秩序、有组织的统一体。这就使人们有可能比较迅速地通过多种渠道从浩如烟海的长时记忆中提取有关的知识。长时记忆依赖于以前获得的知识，在识记时把当前识记的材料和过去的知识联系得越多，则以后回忆起来就越容易。

　　从系统论的观点来看，瞬时记忆、短时记忆和长时记忆是一个统一记忆系统中的三个不同的信息加工阶段，它们之间不是彼此孤立的，而是相互影响、相互作用又相互联系的。

　　根据记忆的三个阶段，听的心理过程也包含三个主要的阶段

　　在第一阶段，声音通过人的感觉器官进入瞬时记忆中，并利用听话者已有的语言知识把这些信息转化为有意义的单位。信息在瞬时记忆中存储的时间很短，听者只有很少的时间对这些意义单位进行整理。在听母语时，这过程一般都能顺利完成，而在听外语的过程中，当听者设法将连续的语流组织成有意义

的单位时，很可能会出现问题。有时听者还可能在处理完现有信息之前，新的信息又会不断地涌入，从而导致听力理解的困难。

在第二阶段，信息处理是在短时记忆中完成的，也是一个非常短暂的过程，不超过几秒。在这一阶段，听者会把所听到的词或词的组合与储存在长期记忆中的语言知识进行比较，把记忆中的信息进行重组、编码后，形成有意义的命题。听者要对连续性的语流进行切分，切分的主要线索是意义。意义体现在句法、语音、语义三个层面上。在获取意义之后，听者一般会忘掉具体的词汇。在这一阶段，处理速度是至关重要的。已有的信息必须在新的信息到来之前处理完成，这对于外语学习者来说，很容易造成处理系统的信息超载，一个初级的外语学习者往往会因为处理速度不够快而无法从信息中获取意义。随着学习者听力训练的不断增加以及语言知识的积累。对于一些经常听到的信息的处理会成为一种自动化的过程，从而留出更多的空间来处理难度较大或者不太熟悉的信息。

在第三阶段，听者会把所获取的意义转移到长时记忆中，并与已知信息相联系，确定命题的意义，当新输入的信息与已知信息相匹配时就产生理解。在这一阶段，当形成的命题与长时记忆中的已知信息相联系时，大脑便通过积极的思维活动去分析、合成、归纳，使其成为连贯的语言材料，从而实现意义的重构。然后将重构的意义而非原有形式在长时记忆中保留。

上述过程只是描述了听的过程中信息处理的大体步骤，而实际过程要复杂得多，因为听的过程中的信息处理并不单纯依靠语言本身。听者必须把语言置于具体的语境之中，才能理解真正的意义。在听母语的过程中，听者会自动激活他们长期以来积累的文化知识、讲话人的背景等相关的信息，而且能够根据以往的经验在一定程度上预测下一步将要听到的内容。他们知道不同类型的人会以不同的方式表达不同的内容，在不同的场合以及讨论不同的问题时使用不同的语言风格。人们谈话的方式也会受到谈话参与者之间关系的影响，父母对孩子、妻子对丈夫、领导对下属、售货员对顾客等都会影响语言风格的选择。这些知识在上述三个阶段都会起作用。

听力学习过程是语言学习过程的一部分，所以对听力材料中语言点的学习是不容忽视的。如果我们的头脑中并没有相应的贮存，我们便无法了解外部信号的作用。例如，没有学过外语的人就会对外语声音毫无反应。换言之，听话的结果取决于记忆结构。语言点一般包括值得重点关注的常用词和常见句式的意义、用法以及关键词或生词，或者是容易听错的地方。语言点的学习能帮助学习者注意词汇的发音、含义、用法以及句子的结构和含义等。记忆结构包括音、词、词组、句、语篇等语言知识，还包括语言在社会中使用的知识、社会文化知识和一切其他非语言知识。另外,在听话过程中建立起来的一切自动反映模式都可以贮存,并在适当的条件下自动发生作用。在听力任务结束后,配合语言点的讲解,有益于语言知识的扩展和听力技能的提高。如果只把听力练习当作听力测试,那就只会在乎结果,只会在乎测试题的对与错,这样的练习往往使听者的水平难有本质上的改变。因此,我们可以得出结论:听力是多方面能力的综合。

第二节 英语听力教学的目标与内容

一、英语听力教学的目标

英语听力教学对于英语人才的培养有着重要的影响作用。在教学过程中,教师需要严谨地规划教学的方向与目标。

(一)一般目标

第一,能听懂英语授课;
第二,能运用基本的听力技巧;
第三,能听懂日常英语谈话和一般性题材的讲座;
第四,能听懂语速较慢的英语广播和电视节目,能掌握其中心大意,抓住要点。

(二)较高目标

第一,能听懂英语谈话和讲座;
第二,能基本听懂用英语讲授的专业课程;
第三,能基本听懂题材熟悉、篇幅较长的英语广播和电视节目,能掌握其中心大意,抓住要点和相关细节。

(三)更高目标

第一,能听懂英国本土人士正常语速的谈话;
第二,能听懂用英语讲授的专业课程和英语讲座;
第三,能基本听懂英语国家的广播电视节目,掌握其中心大意,抓住要点。

二、英语听力教学的内容

英语听力教学是英语教学的重要组成部分，对于人才的培养有着重要的影响作用。下面对其内容进行分析，从而为英语听力教学指明方向。在现阶段的听力教学过程中，应该包括听力知识、听力技能和听力理解，下面分别对其展开介绍。

（一）听力知识

听力基础知识是学生英语听力技能培养与提高的基础，主要包括语音知识、语用知识、策略知识、文化知识等。

语音教学是听力教学的重要内容。在实际的交际过程中，同一个句子会在发音、重读、语调等的变化中产生不同的语用含义，表现出交际者不同的交际意图与情感。在听力教学过程中，使学生掌握英语的发音、重读、连读、意群和语调等语音知识对学生语音的识别能力和反应能力的提高有积极的促进作用。同时在教学过程中，教师还应对学生进行听音、意群、重读等方面的训练，训练内容既要包括词、句，也要包括段落、文章，使学生熟悉英语的表达习惯、节奏，适应英语语流，从而为学生提高听力理解打下坚实的基础。这种训练还能在无形中培养学生的英语思维能力，促进其二语习得能力的提高。

听力知识还包括语用知识、策略知识、文化知识，这些知识的科学教学也是提高学习者英语听力能力的重要手段。其中语用知识的学习能够帮助学生理解话语内涵，增加其对话语的理解程度。策略知识的学习能够帮助学生依据不同的听力材料和听力任务进行策略选择，从而提高听力的针对性。文化知识的学习对于学生日后英语的跨文化交际有着积极的促进作用，有利于不同文化背景下交际的顺利进行。

（二）听力技能

英语听力技能的教学能够有效提高学生英语听力的科学性与针对性。对于技能和技巧的合理运用，能够为跨文化交际水平的提高打下基础。

听力技能主要包括以下几项内容。

（1）辨音能力

听力中的辨音能力教学指的是使学生了解音位的辨别、语调的辨别、重弱的辨别、意群的辨别、音质的辨别等。这种辨音能力的训练不仅能提高英语听力进行的有效度，同时对学生理解能力的提高也大有裨益。

(2) 交际信息辨别能力

交际信息辨别能力主要包括辨别新信息指示语、例证指示语、话题终止指示语、转换指示语等。交际信息的辨别能够提升听力的有效性和针对性，促进学生对话语的理解效率。

(3) 大意理解能力

大意理解能力主要包括理解谈话或独白的主题和意图等。大意理解能力的提高为学生在整体上把握话语内容做好了铺垫。

(4) 细节理解能力

细节理解能力是指获取听力内容中具体信息的能力。在英语学习和考试过程中，对细节的理解能力能够帮助学生提升做题的准确度。

(5) 选择注意力

选择注意力是指根据听力的目的和重点选择听力中的信息焦点。针对不同的听力材料，进行注意力的选择训练十分重要，这种练习有助于学生把握话题的中心。

(6) 记笔记

记笔记技能是指根据听力要求选择适当的笔记记录方式。掌握良好的记笔记技能可以提高英语听力记忆的效果。

教师应该了解，听力水平的提高并不是一朝一夕便可以完成的，需要教师循序渐进地进行针对性教学工作。同时不同的学生有着不同的学习习惯和学习特点，教师需要因材施教，进行特色教学。

(三) 听力理解

英语听力知识的学习与听力技能的教授是为英语听力理解服务的。语言由于使用目的、交际者等因素的作用会带有不同的语用含义，因此对话语的正确理解就成了英语听力教学中的重点和难点。教师在听力理解的教学过程中，应该使学生懂得如何从对字面意义的理解上升到对隐含意义的把握，继而提高英语的综合语用能力。具体来说，英语听力理解主要包含以下几个阶段。

(1) 辨认

辨认主要包括语音辨认、信息辨认、符号辨认等方面。尽管辨认处于第一个阶段，属于第一层次，但却是后面几个阶段开展的重要基础。一旦学生无法辨认听到的内容，那么理解也就无从谈去了。

辨认有不同的等级，最初级的辨认是语音辨认，最高级的辨认则是说话者意图的辨认。教师可以通过正误辨认、匹配、勾画等具体方式训练和检验学生的辨别能力，如根据听到的内容给听力材料的句子排序。

（2）分析

分析要求学生能将听到的内容转化到图、表中去。这个阶段要求学生可以在语流中辨别出短语或句型，以此对日常生活中的谈话内容有大致的理解。

（3）重组

重组要求学生用自己的语言将听到的内容以口头或书面的方式表达出来。

（4）评价与应用

这是听力理解的最后两个阶段，要求学生在前面三个阶段即获得、理解、转述信息的基础上，能够运用自己为语言对所获得的信息进行评价和应用。在实际教学中，可以通过讨论、辩论、问题解决等活动进行。

以上这几个阶段是一个循序渐进的过程。任何级别的听力学习都必须经历由辨认到分析再到应用的一系列过程，然后才能逐步得到提高。

第三节 英语听力教学的文化基础

一、中西思维模式对比

众所周知，不同的地域孕育着不同的文化形式。中西方由于所处区域不同，因而形成了两种风格迥异的文化模式。文化是人创造的，但人不能随意创造文化、创造历史。中国的文化是中国人在中国的具体历史时空的条件下创造出来的，西方文化是西方人在西方的具体历史时空的条件下创造出来的。任何文化都是环境和人互动的产物，环境变了，文化也会变化。

（1）从共时性的角度看，每一种文化都是此时此地的人们为适应生存环境的自我选择与创造，所以文化没有"先进"和"落后"之分。

（2）从历时性的角度看，民族文化随着生产力水平的提高而提高，适应生产力水平的文化是"先进"的文化，否则就是"落后"的文化。

事实上，文化的最初生成是由自然环境和生存方式决定的，因此只有认识中西方在经济、政治、文化方面的最初渊源，才能理解两大文明。中西方文化模式不同，自然所具有的思维方式就不同。

思维方式是指人类通过分析、推理、评价、综合等方式对外界信息进行感知。文化在思维方式方面的差异直接影响着翻译的顺利进行，这种直接影响会表现在语言的宏观和微观方面。下面来分析中西思维模式上的差异。

（一）整体性思维与个体性思维

对于中西两个民族而言，认知模式的差别可能表现在思维活动时对环境的依赖程度方面，这种依赖分为"无领域依附"和"领域依附"。一般来说，"无领域依附"文化中的人具备较强的问题解决能力，而"领域依附"文化中的人具备较强的问题统摄能力能把握事物内部要素之间的联系。两种思维方式的差异是相对的，它们相当于一个非离散的连续体的两端。东方文化的思维方式比较接近"领域依附"型，而西方文化的思维方式比较接近"无领域依附"型。

1. 中国人的整体性思维

整体思维是指把认知对象的各部分，或者整体的各种属性当作一个整体来进行研究。中国古代的哲学思想就是"天人合一"，从人心的体验推导到对社会的感悟，以及对自然界的认识。这种思想由来已久，中国传统的哲学观点认为，人与自然、主体和客体都包含在整体之中，整个世界就是一个整体。整体是由部分构成的，欲了解部分必须先对整体有所把握，注重综合概括，反对孤立地看问题。因此，其思维模式和语言观具有"整体思维"的特点，倾向于从整体的角度对语言进行感悟。整体思维具有两个特征。

（1）直觉的整体性

中国人的整体性思维是"直觉"的整体性。"直觉"是指通过潜意识直接把握事物。直觉思维讲究思维中断时的突然领悟，不依靠逻辑推理。在华夏民族的发展历史上，统一的文字加强了民族内部的团结；统一思想的提倡增强了民族的凝聚力；自身的强大增强了震慑性，使得外族不敢轻易入侵。在这些因素的作用下，中华民族的文化生生不息，得以完整地保存。

在统一的文化传统下，中国人民形成了直觉整体性的思维形式。因此，中国人在处理问题时习惯"摸着石头过河"。中国人也习惯于把事物分为互相联系的两个方面，整体地去认识并改造世界，所以中国传统文化讲究"天人合一"。在社会关系方面，中国强调人与人之间的相互依存，把人放在人际关系中整体把握，如"三纲五常"就是一个典型的例子。

（2）和谐的辩证性

"辩证"是关于对立和统一的思维方式。"和谐"是指认识到对立和统一互相渗透、互相包容，从而达到和谐。追求和谐的辩证，即追求公允、协调、互补，以此达到事物的平衡。中国的"阴阳"学说就是对辩证思维的最高概括。天下万事万物都由"阴"和"阳"来统摄，又处于一个和谐的整体中。

从历史角度来看，中国整体性思维模式的形成受以下方面的影响。

首先，独创悠久。华夏文化源远流长，上下五千年的历史孕育出了丰富多样的民族文化。同时，中华文化在形成过程中还带有很多自身的独创性。例如，甲骨文、火药、指南针等的发明，在推动文明发展的过程中，也显示出了中华民族的优秀创新。这种文化的独创和悠久性成为中华文化屹立于世界文化之林的重要铭牌。究其原因有两点。其一，特殊的地理环境。中国东南临海，西北多为高山，因此文化的形成与发展较为闭塞，能够很好保存其文化特色。而到了近代社会，由于海运的兴起，中华文化才受到了冲击、得到了发展。其二，以农业生活为主。中国自古以来就是农业大国。农业生活是一种静态、稳定的生活，因四季变换而休养生息。在这种环境下，人民的意识也较为稳定。这也是中华文化历史悠久的重要保证。

其次，保守统一。保守统一是中华文化的重要特色之一。在五千年分分合合的历史中，中华文化始终保持着"合久必分、分久必合"的规律。华夏文明自从周朝就已经形成了封建统一的制度，这种保守统一性带有中华文明的独有性。

2. 西方人的分析性思维

分析性思维把整体分解为部分，把复杂的事物分解为简单的要素，然后分析各要素在整体中的性质，从而了解其本质。西方的思维模式就是典型的分析性思维，以逻辑、分析为特点，强调观察和分析的方式。所以，西方人寻求世界的对立，进行"非此即彼"式的推理判断。古希腊的柏拉图首先提出了"主客二分"的思想。分析性思维明确区分主体与客体、精神与物质、现象与本质，并把两者对立起来，进行深入分析。

由上可知，思维不同，语言表达方式就不同。为此，不管是学习英语还是汉语，都需要掌握该民族所具有的思维方式。通常而言，英语民族的思维方式是从小到大，而汉语民族正好相反，时间、地点的表达就是一个体现。

(二) 螺旋型思维与直线型思维

1. 中国人的螺旋型思维

经过漫长的历史发展后，中国人形成了螺旋型的思维模式。

该思维模式有如下几点表现。

首先，在撰写文章时，中国人在行文安排上往往将一些概括性、笼统性较强的话语放在段落开篇。在具体段落的写作过程中，中国人还会穿插一些与本主题或本章节内容不相关的信息另外，文章的核心内容或主题不会被作者直接表述出来，这些内容通常体现在字里行间，需要读者自身去总结、领悟。

其次，中国人在运用语言表述自己的思想时往往重复使用些词语或句式。

最后，中国人在语言表达上的典型特点是说话态度往往是模糊的，给人一种模棱两可的感觉。不管是交际过程中的谈话还是写文章，中国人在将自己的思维发散出去之后最终都会回归到原点。

由上可知，螺旋型思维模式影响下的语言表达往往不会直接切入某一主题，而是将某一问题进行反复探讨与展开，最后对其进行总结。

2. 西方人的直线型思维

西方人在漫长的历史演变过程中形成了直线型思维模式。该模式的具体表现如下所述。

首先，西方人在撰写文章时通常会在开篇就表明自己的态度、观点、看法，针对某一问题提出自己的建议，并且开篇的这主题同时也是下述各个段落的中心论点，整篇文章中的所有细节内容都是围绕文章的中心论点展开。

其次，西方人在运用语言表述思想时往往不会重复之前已经使用过的话语。

由上可知，西方人在表达思想或撰写文章时往往会有鲜明的态度、看法，喜好直截了当、开门见山的表述方式。在说话或写文章时，西方人态度通常很直接，并且表述人的立场从一而终，不会滔滔不绝地说一些与自己观点无关的内容，喜欢陈述事实。

(三) 阴阳意象思维与因果逻辑思维

1. 中国人的阴阳意象思维

中国农业文明孕育了中国先民早期的阴阳意象思维。农业生产在于顺天应时、春种夏长、秋收冬藏。只要不违农时，吃饭穿衣总是有所保证的。因此，人与自然的关系是和谐的，人们从来没有把自然当作对手来看待，他们总是在观察并总结经验。

中国先民对物质世界的直观概括形成了阴阳、五行、八卦，这是中国早期的整体、循环、意象思维方式。"象"成为中国先民的思维工具，分为四个层次：物象、性象、意象、道象。

第一层：物象。人、自然、社会可直接感知的、有形实象，如面象、气象等。

第二层：性象。事物象中抽象出的某一方面属性之象，包括动态属性之象和静态属性之象。

第三层：意象。反映事物属性本质联系之象，如意思、意境。

第四层：道象。规律之象，如道、阴阳、易、五行、八卦之象。

中国先民的思维方式不利于科学的发展。因为崇尚"天人合一"的中国先民只关心表面现象的总结，思维方式是感性、直观体悟式的，所以缺乏从事科学研究的理性思维。

另外，中国先民的思维方式促使了中国宗教观念之薄弱特性。中国人的意象思维不关心真实与虚拟的对立，缺乏抽象虚拟能力。而上帝是超验的，是经过理性思辨而虚拟抽象出来的。当然，中国人宗教意识的淡薄主要是因为中国的农业社会性质。在团粒结构中，个人缺乏独立意识，他可以从群体中得到维持生存的物质和精神支持，不需要向虚拟神灵寻求庇护。

2. 西方人的因果逻辑思维

西方的商业文明孕育了西方先民的因果逻辑思维。西方海洋民族的初始生存条件要比东方大陆恶劣得多。经商需要跨越荆棘丛生的高山峻岭和狂风恶浪，大自然似乎处处与人作对。

此外，市场行情变化、生意场的险恶，促使他们去寻找"变"中的"不变"。

西方早期就形成了"天人二分"的理性思维方式。万事有果必有因，于是因果思维方式产生了。他们关注事物现象背后的本质，探索战胜对手的对策，把握理论抽象的"逻辑在先"，这样以探索事物本质为宗旨的科学研究在欧洲形成深厚肥沃的土壤理性思维方式是逻辑分析的方法。

首先，把复杂事物的整体分解还原为部分，寻找各部分的特性因素。

其次，建立逻辑认识体系，运用定义概念、判断命题，从已知现象推出未知本质。西方从此形成了强烈的理性传统。

二、中西价值观念对比

价值观具有相对的稳定性。在条件不变的情况下，人们对事物的评价总是相对稳定的。价值观是在家庭和社会的影响下形成的，经济地位的改变会带来价值观的改变。

通过分析可知，中国的基本价值观被定性为集体价值大于个人价值、权势距离大、女性气质浓、规避不确定性低。受其影响，中国人常从集体角度来考虑问题，崇尚权威和领导，缺乏一定的冒险精神，生活质量重于物质获取。与此相反，西方人进取心强，富有冒险和创新精神，崇尚个人主义，渴求个人自由与平等，强调物质获取。

（一）群体本位与个人本位

1. 中国文化的群体本位

中国原始血缘氏族社会解体得不那么彻底。在中国古代，由于农业生产力极其低下，剩余产品不足，私有制不发达，人们往往聚族而居，形成了以血缘为纽带的封建宗法社会。在宗法社会中，以群体为本位，个人经济与政治地位都不独立，个人没有独立人格。因此，人要想生存，必须与群体保持和谐，与他人保持和谐，即以群体为本位。

在儒家文化中，"中庸""中和"是其中的核心价值原则与成人理想。这一价值原则强调个体在思想行为上的节制、适度、守常；其所彰显的理想是个人约束与克制自身的喜怒哀乐情感与功名利禄欲望，从而达到通达圆融的境界。

需要提及的是，儒家主张的"中庸""中和"的理想并不代表对原则性、个性以及差异性的完全抹杀，而是寻求原则性、个性以及差异性的协调，从而达到"和而不同"的境界。

2. 西方文化的个人本位

公元前8世纪至公元前5世纪，古希腊的原始氏族社会开始解体，最终成为奴隶制城邦国家，开始进行大规模的海外殖民，形成了城邦商业文明。在城邦商业文明中，人是自由的，具有独立的经济与政治地位，商品经济社会是"个人本位"的社会，商品交易是平等进行的，这激发了人们民主、平等、自由的个性，每个人的存在都有独特的价值，每个人都有权利争取自己的利益，因此西方人逐渐形成了"人我二分，崇力尚争"的民族文化性格。

西方文化提倡竞争的传统在军事、政治、商业与经济等领域都有十分明显的体现。以商业和经济领域为例，亚当·斯密（Adam Smith）的《国富论》被视为西方经济学的圣经。近代资本主义兴起之后，西方很多资本主义国家都采取了《国富论》中所提出的自由竞争的市场经济理论。根据《国富论》的原则，"一个社会如果每个人都按照自利的目标而行动，而不是按照利他的目标而行动，带来的反而是集体经济的繁荣。"[1] 在今天，西方各主要资本主义国家，包括对自由极为崇尚的美国，依然采用的是亚当·斯密的自由竞争的市场经济理念。

(二) 集体主义与个人主义

1. 中国文化的集体主义价值观

所谓集体主义，就是将家庭、社会和国家的群体利益放在个人利益之前考虑。在处理个人与集体的关系方面，人们被要求与集体保持一致。人们习惯于忍让，力求个人身心与整个环境相适应。尽管现代社会的传统群体意识已经有

---

[1] 陈坤林，何强. 中西文化比较 [M]. 北京：国防工业出版社，2012：30.

所改变，但人们对集体仍有很强的归属感。

集体主义的伸延表现为他人取向，也就是较多地考虑他人的感受。这使中国人养成求大同、不愿得罪人的习惯，主张"以和为贵"。集体主义既有积极的一面，也有消极的一面。

（1）积极的影响：中国人谦虚谨慎，共同合作，为了集体利益，不惜牺牲个人利益。

（2）消极的影响：过于强烈的群体主义取向导致中国人竞争意识的缺乏，缺乏创新思维。

与西方社会不同，中华文明在发展过程中对家族、道德有着极强的遵从性。社会活动多以家庭为中心，价值的体现也以光宗耀祖为标准。在不断发展的过程中，中国人形成了集体主义价值观念，这种价值观念认为每个人都是群体网络中的一部分，而不像西方人所说的是孤立存在的独立个体。所以，群体之间逐渐形成了一些为各方均认可的价值观念和道德准则，如集体主义、对群体的依赖性等，为的就是保证这种和谐共处的群体关系。

集体主义观念指导下的人们在处理个人与集体的关系时，习惯上坚持"小家服从大家，个人服从集体"的原则，因此就产生了诸如"先天下之忧而忧，后天下之乐而乐"等充满集体主义色彩的话语。人们在"礼"文化的教导下，懂得尊敬长者和有地位的人，知道礼让，维护上下尊卑的社会秩序。例如，在和长者打招呼时称呼"师傅""大爷""大娘"等；和有职位的人打招呼时，为了表示尊敬通常会在其姓的后面加上职位名称。

中国的文化中十分推崇集体主义价值观，这种价值观下的人们很重视人际关系，他们相互体谅、相互关切、以诚相待。为了表示关心对方，中国人在问候别人时常常会涉及别人的私事，或者会为了表示真诚而毫无保留地披露自己的私事，因为中国人信奉"事无不可与人言""君子坦荡荡，小人长戚戚"这种观点。但是这些涉及个人隐私的交际语，在西方人之间的日常交际中是不会出现的。

重视道德的作用也是中华文化的典型特征。这种特点的形成主要受儒家思想的影响。儒家思想提倡仁者爱人，孟子更是提出了"仁、义、礼、智、信"的思想。

2. 西方文化的个人主义价值观

与中国文化相反，西方社会崇拜个人主义。西方个人主义取向在英语合成词中就有所体现，如以 self 为前缀的合成词有 100 多个。每一个个体都是独特的、与众不同的，是一个小宇宙。个人主义也意味着对个性的追求，人们想方设法体现出与众不同。保持一致，则是个体人格丧失的表现。

西方人追求个性、自由、个人意志以及自我实现。个人主义取向并不意味着个人利益高于一切，他们的追求是在法律、法规的约束之中的，因而是积极、健康的。个人主义取向促进了进取、创新精神的形成，但是过于强烈的个人主义取向会影响社会群体的合力、亲和力。

（三）求稳心态与求变心态

东西方文明的根本区别在于：东方文明主静，西方文明主动中国的民族性格表现为中庸、含蓄、恭谦、情感本位等。由此可见，中国的民族性格体现了以人生为核心的人文特质，即注重人与自然、社会的和谐。所以，中国的民族性是入世的。西方的民族性格表现为自我奋斗、相互独立、讲究效率、勇于创新、平等、民主、自由。西方人倾向于追求客观世界的本质，而不是怎样为人处世。因而，西方民族性是创世的。

1. 中国文化的"求稳"心态

"变"与"不变"是万事万物的两种状态。集体主义取向决定了"求稳"的心态，因为群体的"变"受到限制。中国深受儒家中庸思想的影响，习惯于保持和谐。中国人主张国家和家庭的和睦，"求稳"的观念扎根很深。事实上，"变"是绝对的，"不变"是相对的，关键是变得怎么样。虽然中国经历了由原始社会到社会主义社会的变化，但是基本的社会制度和格局并没有变化。一切发展的前提是家族、社会的稳定，没有稳定就没有社会的进步。不得不承认，中国几千年来正是在"稳定"中求进步的这就是为什么中华文化得以延续并保存的历史原因。不过，在改革开放的推动下，中国的旧观念和民族性格开始受到挑战，这体现在以下方面。

（1）中国人逐渐摆脱绝对化的道德束缚，开始关注自我发展和自我完善。

（2）在平等方面，机会均等正在逐渐替代结果均等；在个性独立方面，人们开始抵制对个人生活方式的过多窥探。

（3）一些落后的传统观念正在被创新进取公平竞争等新观念所替代。

（4）社会期望由"无为"转化为"有为"，这会带来主观能动性的激发。

总之，改革的浪潮使得很多传统观念受到了挑战。然而，不管发生多么显著的变化，文化的底层具有相当的稳定性。

2. 西方文化的"求变"心态

崇尚个人主义取向的西方文化倾向于"求变"。变化表现为不断打破常规、不断创新。对西方人来讲，变化、进步与未来几乎都是同义词。没有变化、进步，就没有未来。无论是变好还是变坏，他们历来变化多端。翻开西方历史，显而易见的是标新立异的成功。正是这种"求变"的价值取向，使西方人永远处于创造新生活的气氛中。"求变"集中表现在不同形态的流动,如事业追求、求学计划、社会地位、居住地域等。

(四) 群体隐私观与个体隐私观

隐私是一种普遍现象,只是它在表现方式和程度上有所不同。隐私与客观环境的关系十分密切,它涉及人们如何对待和利用环境因素。心理环境是指人这一主体对客体环境的认知以及如何利用环境等心理状态。大体来讲,可以通过物理环境或者心理机制调节或保护隐私。不同的文化采取不同的方式来调节或控制本民族或本人的领域,以保护本民族或本人的利益。

1. 中国文化的群体隐私观

中国传统文化是一种群体文化,个人存在的价值是和群体的命运紧紧相连的。因此,中国人的隐私存在于群体之间,具有很强的集体功利性,维护隐私旨在协调不同群体之间的和谐。中国人的群体隐私观应受到尊重,因为它的合理内核就是集体主义和爱国主义。在这个前提下,中国人寻求群体隐私和个体隐私的平衡。

2. 西方文化的个体隐私观

西方文化中的隐私一般是关于个人的信息,是个体价值利益的体现。维护隐私是尊重个性,是崇尚个人主义的表现。西方人通过空间来构成个人领域,以调节与别人的交往。他们需要一段空间距离来保护自己周围那块无形无影的领地。人与人之间总会保持一定的距离,这已成为公共道德的一种体现。

第四节 跨文化交际下的英语听力教学的策略

一、文化差异给听力带来的影响

(一) 历史因素对于英语听力的影响

听力题目中有这样一句话:"The die is cast, we've got no choice but win the game."当时学生虽然大概知道是要取得胜利,但是对前一句的意思并不理解。这个短语源于公元前49年,罗马执政官庞贝和元老院共谋进攻恺撒时发生的故事。当时恺撒的领地和意大利本部交界处有条小河Rubicon。恺撒不顾反对意见,悍然率军渡河与庞贝一决高下。在渡河时他说:The die is cast。过了河，他还烧毁了渡船（burn the boats），逼得士兵毫无退路，只好勇往直前，打败了敌人。

就是这样一段历史故事，在英语中留下了几个常见的习语：cross the rubicon（渡过鲁比肯河），喻义决定冒重大危险，采取断然行动。burn one's boats（烧掉自己的船），表示破釜沉舟的决心。The die is cast（骰子已经掷下），预示着事情已经决定，再也不能改变。这几个短语如果仅从字面意思理解就肯定觉得不知所云，但如果结合历史背景，则不仅容易理解而且记忆起来很方便。

（二）自然地理环境特征对英语听力的影响

英文中包含很多与海洋相关的习语，如：all at sea（不知所措）；a drop in the ocean（沧海一粟）；plain sailing（一帆风顺）；between the devil and deep sea（进退两难）；While it is fine weather, mend your sail（未雨绸缪）。这是因为不同的自然环境会对当地的文化造成不同的影响，语言恰恰包含了这种独特的文化基因。英国作为一个岛国，为了生存，人们经常与恶劣的海洋气候进行抗争。在征服自然的过程中，自然形成了许多与海洋有关的习语。

此外，英国强大的航海业和捕鱼业使得大量与 fish 有关的习语相继产生。如：big fish（大亨），dull fish（枯燥无味的人），make fish of one and flesh of another（比喻厚此薄彼，偏爱一方）。从这些角度来看，很多短语的理解就变得容易多了，在讲解的同时，学生不仅对语言加深了印象，而且对这个国家的了解也会更进一步。

（三）生活常识对英语听力的影响

在经典电影《阿甘正传》中，主人公 Forest Gump 曾这样形容他和 Jenny 的关系："We are like beans and carrot."很多不理解西方饮食文化的人看到这句话会觉得难以理解，为什么两个人会像青豆和胡萝卜。这是因为在西餐中，青豆和胡萝卜总是作为辅菜放在一起，这个表达方式用来形容两人形影不离。

二、多元文化对英语听力教学的启示

（一）加强文化背景知识的传授

在英语听力教学中，教师在传授语言知识的同时，应注重文化背景知识的传授。文化背景知识的传授应该密切结合实践课，其目的是使学生更加深刻地理解英语，更准确恰当地使用英语。因此，在英语教学流程中，应该根据学生的英语水平和教学内容需要，有计划、有针对性地导入文化背景知识，在提高学生语言能力的同时，丰富学生英语国家文化知识。

1. 培养学生的文化意识，增强学生学习兴趣

在课堂教学中，教师不但要传授英语语言知识，同时要帮助学生树立正确的思想观念，有意识地培养学生的文化意识。学生必须认识到，背景知识的学习有助于听力水平的提高，因为语言是融合在相关背景知识中的，这些知识有助于预测讲话人会说些什么，并在听的过程中去核对、证实。相关的背景知识既可以增进学生对讲话发生的地点、时间和周围环境的了解，也可以帮助学生熟悉讲话人的年龄、性别以及对一些事物的观点、看法。成功的听力理解取决于语言知识和背景知识的相互作用，这两者缺一不可。除此之外，学生也应该认识到文化背景知识的学习有助于自身文化素质的提高。英语学习的目的不仅是掌握英语语言能力，也是进一步了解西方文化，拓展知识面。

2. 改变教师的教学观念，提高教师自身素质

向学生传授文化背景知识，教师本身应有强烈的文化意识，重视学习积累和传授文化背景知识，在平时的课堂中注意将语言与文化相融合，逐步在课堂中向学生介绍英语国家的风土人情，渗透西方文化的背景知识。

在树立正确的教学观念的同时，教师应广泛地阅读与文化背景知识有关的书籍和材料，掌握和了解丰富的文化背景知识深刻了解中西方文化在不同层次、各个方面的异同。教师只有提高自身的素质和文化修养，才能在课堂上讲解语言知识，在有关文化背景知识的传授中正确引导和教育学生。

3. 精心选择实践性的教材

语言教学与文化背景知识传授相结合，必须有相应的配套教材。选择英语听力教材时，应选择那些包含英美文化背景知识介绍的相关材料，既重视东西方文化差异的介绍，又重视词汇文化意义的介绍。在实践中应选用一些真实材料，可以采用一些国外原版英语教材。某些原版教材包含了许多英美文化、风俗习惯的内容，可以作为练习听力的好材料。此外，西方的电视电影节目具有时效性、实践性和趣味性，是介绍西方文化知识的有效而直观的材料。在听力教学中，可以选取西方电视电影节目的片段作为课堂上的理解材料，同时也可以推荐给学生在课外进行泛听。

4. 采用丰富多彩的教学方式

文化背景知识传授不应只限于英语课堂上，根据实际情况，教师可要求学生在预习时对相关的文化背景知识进行搜索和学习，并在课后做进一步的了解。在课堂上，应充分利用视频、网络等多媒体资源；教学方式除了传统的"教师讲，学生听"外，还可以采用合作学习的组织方式，让学生分组去收集

某一方面的文化背景知识并在课堂上做介绍，教师做相应的指导，让学生参与到教学当中，增强学习的兴趣。

在课外，教师应鼓励学生进行广泛的阅读和大量的听力训练，可以向学生推荐富含西方文化内容的书单或视听节目。如有可能，可以举办文化专题讲座，介绍西方节日、跨文化交际原则等。

(二) 加强对学生文化意识的培养

在英语听力教学中加强对学生文化意识的培养是很重要的听力材料的理解不仅依赖于好的英语知识水平，还受到文化因素的影响。很多学生能够听懂英语句子却不能很好地理解句子含义，其中一部分原因就是对材料中所反映的文化不了解。因此培养学生的文化意识很有必要。

在听力教学活动中，教师可以有意识地多选择一些能反映各国文化、风俗习惯、宗教信仰的材料。在听力教学中渗透对学生的跨文化意识的培养，课堂上的时间是有限的，教师可以引导学生自己主动探究不同文化之间的差异。在听力教学中教师可以向学生推荐一些关于体现不同文化特点的电影，这样的电影既可以帮助学生提高英语听力水平，又可以让学生了解文化差异。

听力教师可以在听力课上组织学生听一些反映各国不同文化背景的材料，并将学生分为两组，让学生自己找出所涉及的文化差异的具体体现，并写下来，最后看哪一组写得多。

第四章　基于跨文化交际的英语口语教学研究

随着全球化进程的不断加快，世界各国之间的交往日益频繁，经济、政治、文化、社科等各种领域都需要不同国家之间进行交流与合作，因此，跨文化交际成为使用越来越频繁的词语之一。中国的应试教育是许多学生英语考试成绩非常优秀，但是却说不出一口流利的英语，这一现象在我国已经十分普遍，并且会对学生未来的发展产生十分不利的影响，因此，研究跨文化交际在英语口语教学中的应用是具有重大意义的。本章主要从英语口语教学的基础知识入手，分析了英语口语教学的现状，探讨了文化差异对英语口语教学的影响，同时结合跨文化交际背景对英语口语教学的策略进行了简要分析。

第一节　英语口语教学概述

一、英语口语教学的目标

（一）一般目标

（1）能在学习过程中用英语交流，并能就某一主题进行讨论。
（2）能就日常话题用英语进行交谈。
（3）能经过准备后就所熟悉的话题作简短发言，表达比较清楚，语音、语调基本正确。
（4）能在交谈中使用基本的会话策略。

（二）较高目标

（1）能用英语就一般性话题进行比较流利的会话。
（2）能基本表达个人意见、情感、观点等。

（3）能基本陈述事实、理由和描述事件，表达清楚，语音、语调基本正确。

（三）更高目标

（1）能较为流利、准确地就一般或专业性话题进行对话或讨论。
（2）能用简练的语言概括篇幅较长、有一定语言难度的文本或讲话。
（3）能在国际会议和专业交流中宣读论文并参加讨论。

二、英语口语教学的特点

（一）教学内容的特点

英语口语教学的内容是广泛的，它不仅包括在口语课上教学生如何说，而且还要从教学内容、教学安排等方面保证学生在课下都有大量的口语实践机会。因此，教学内容的广泛、可延展性是英语口语教学的一大特点。教师可以有计划地组织安排各种训练活动，把训练学生听、说、读、写、译等各项能力有合起来，根据不同阶段，不同的练习目的和主题采取诸如朗诵、辩论、演戏、配音、口头作文等多种形式，把握适当的难易度，巩固学生的基本功，使教学内容成为一个可伸缩的，知识性、趣味性并重的系统。

另外，英语口语教学也是拓宽知识、了解世界文化的素质教育过程，兼有工具性和人文性。因此，设计英语口语课程时应充分考虑学生的文化素质和国际文化知识的传授以及听说能力培养的要求，给予足够的学时，鼓励使用先进的信息技术，开发建设网络课程，为学生提供良好的语言听说环境与条件。根据学校的实际情况，按照学校的教学目标和教学特色将课堂教学与第二英语课堂相结合，确保不同层次的学生在英语应用能力方面得到充分的训练和提高。无论是第二英语课堂，还是主要基于课堂教学的课程，其设置都要考虑不同起点的学生，从提高学习兴趣的角度出发，激发学习动机，从而能大胆开口说英语。

（二）教学模式的特点

英语口语教学不同于一般的知识传授过程，它的教学模式需要更多的体现英语教学的实用性、知识性和趣味性，有利于调动教师和学生双方的积极性，尤其要体现学生在教学过程中的主体地位和教师在教学过程中的辅导作用。教师可以根据不同活动内容的需要，灵活多样的选择最恰当的教具和最直观有效的教学手段，激发学生的学习兴趣，提高学习的积极性和主动性。根据学校的条件和学生的口语水平，还可以充分利用网络环境，直接在网上进行听说教学和训练。网络教学系统能随时记录、了解、检测学生的学习情况以及教师的教学与辅导情况，充分体现英语教学的互动性。与其他教学模式相比较，口语教学的教学手段和教学方法的选择是否成功极大地影响着口语教学活动中学生互动性的实现程度，进而影响英语教学效果的好坏。

（三）教学评估的特点

教学评估是英语口语教学的一个重要环节。全面、客观、科学、准确的评估体系对于实现教学目标至关重要。它既是教师获取教学反馈信息、改进教学管理、保证教学质量的重要依据，又是学生调整学习策略、改进学习方法、提高学习效率和取得良好学习效果的有效手段。对学生学习的评估可分为两种，一种是形成性评估，另一种是总结性评估。无论采用哪种形式，英语口语教学的评估都是考核学生实际使用英语语言进行交际的能力。其中，学生口语表达的准确性和流利程度是衡量口语教学效果的重要指标之一。口语教学的主要内容是语音教学，自然规范的语音、语调将为有效而流利的口语交际打下良好的基础。尤其是在中学口语教学过程中，教师重视发音的准确性，而不过分强调流利程度有助于学生培养良好的语言习惯。英语口语教学是通过对学生语音、语调、语速的准确性和流利程度来进行的。

（四）教学管理的特点

英语口语教学的管理贯穿于英语口语教学的全过程，要确保英语口语教学达到既定的教学目标，必须加强教学过程的指导，监督和检查。因此，口语教学的管理要做到以下几点：

（1）必须有完善的教学文件和管理系统。教学文件包括：学校的英语教学大纲和口语教学的教学目标、课程设计、教学安排、教学内容、教学进度、考核方式等。管理系统包括：学生口语成绩和学习记录、口语考试分析总结、口语教师授课基本要求以及教研活动记录等。

（2）有健全的教学管理和培训制度。英语教师的口语水平是提高口语教学质量的关键，学校应建设年龄、学历和职称结构合理的师资队伍，加强对教师的培训培养工作，鼓励教师围绕教学质量的提高积极开展教学研究，创造条件因地制宜开展多种形式的教研活动，除课堂教学之外，对第二课堂指导的课时应计入教师的教学工作量。

三、英语口语教学的原则

(一) 先听后说原则

听是说的基础，在交际活动中听与说是相辅相成的两个方面。学生通过听获得知识信息，接触到大量的英语词汇，进而激发表达思想的强烈愿望。当积累了大量的语言储备时，才会有真正意义上的口语会话，这也是大量听的必然结果。可见在听懂的基础上进行模仿，既能够加快反应，又能够提高说的能力。教师要遵循这一原则，可以在组织学生复述故事之前让他们对情节有一定的了解，然后再抓住故事的大意，记细节，让学生相互提问，交换意见，最后达到复述故事的目标。

(二) 流利与准确原则

通常来讲，书面语对准确的依赖性更大，而对流利的依赖性却很小。就目前我国英语教学的现状来看，片面强调准确或片面强调流利都是不可取的，英语口语教学首先要强调流利，同时注意准确；而在书面语教学中，我们首先应该强调准确，同时注意流利。但是，就我国英语教学总体而言，则应该强调准确和流利的平衡发展。

(三) 科学纠错原则

语言学习的过程中出现错误是不可避免的，在口语学习中更是如此。教师的任务是为学生提供连续、完整的交流空间，热情鼓励学生树立信心，大胆去实践，不怕犯错误，达到口语练习的最大实践量。口语教师的职责在于培养学生对语言的敏感性以及对自己、他人说话中的语言错误的识别能力。在口语练习中，学生不可避免地会出现各种各样的错误，有的教师会匆忙打断学生的思维和交流去给他们纠错，这种方法实不足取，不仅会破坏学生的思路，还会打击学生信心，增强其恐惧心理，导致因害怕出错而丧失说话的勇气。一般是在学生谈话之后，教师给予及时的纠正，然而即便是这样，也要讲究策略，教师要对不同的学生犯的不同的错误进行区别对待，根据不同场合及不同性质的错误分别进行处理。在操练语言的场合，可多纠错，但在运用语言交际时，则要少纠错；对学得较好，自信心较强的学生当众纠错会给其心理上的满足和激励，然而对于学习困难较大，自信心较弱的学生，要尽量避免当众纠错，防止加重其自卑感。

纠错是一个很敏感的话题，处理是否得当直接影响到教学效果和学生的学习积极性，我们既不提倡对错误一定不要放过，有错必纠，也不提倡采取宽容的态度，认为错误是完全自然的现象，从而对其放任自流，不予纠正，结果导致语言的僵化。因此，在口语教学中，纠正的最佳方法是先表扬，后纠正，并注意保护学生的自信心并给他们自我纠正的机会。

（四）内外兼顾原则

所谓内外兼顾是指既要注重课堂，又要兼顾课外。课外活动是课堂教学的继续和延伸，与课堂教学息息相关，因此教师不仅要注重课堂教学，还应该注重课外活动。[①] 课外活动是课堂教学的补充，是让学生复习、巩固与提高所学的知识，教师应为学生提供各种语言环境，创造用英语进行交际的条件，指导学生在不同场合运用所学语言材料进行正确、恰当、流利的口语操练，比如组织英语角、竞赛，或者根据自由组合原则编出课外活动小组，安排小组涌动等。

另外，在课外作业上，教师可以将学生组成学习小组，培养学生说英语的兴趣，利用一切可能的机会巩固和提高学生的口语能力。

四、英语口语教学的内容

大学英语口语教学的内容主要包括语音训练、词汇训练、语法训练、会话技巧、文化知识。

（一）语音训练

语音是学习英语口语的基础，语音训练的目标是掌握正确的语音和语调，包括重读、弱读、连读、音节、意群、停顿等。错误的发音或不同的语调会造成对方理解困难，甚至产生误解。

（二）词汇训练

词汇是英语学习的基础，无论是英语听力、阅读、口语还是写作都离不开词汇。没有足够的词汇量就没有足够的输出语料，因此就不能进行信息的交流和沟通。词汇是信息的载体，如果没有足够量的词汇，就不能在人脑中形成既定的预制词块，这必然会影响英语的输出效率。有效的词汇输入是词汇输出的条件，口语交际功能的实现离不开充足的词汇量作支撑。在口语教学中应该加

[①] 贾芝，王晓侠，李坤. 现代英语课堂教学理论与实践 [M]. 长春：吉林大学出版社，2012：167.

强学生词汇量的积累。

（三）语法训练

语法是单词构成句子的基本法则，要想实现沟通的目的必须要构建出符合语法规则的句子。只有句子符合语法规则才可以被听者理解。词汇是句子含义的载体，语法是句子结构的基础，二者必须有机结合才能实现口语表达的实用性和高效性。

（四）会话技巧

口语教学的最终目的就是为了交际，学习并运用一些会话技巧可以使交际顺利进行。常用的会话技巧包括表达观点、获取信息、承接话题、转换话题、征求意见、拒绝答复等。

（五）文化知识

在口语交际中，文化知识也十分重要。交际的得体性决定了学生必须掌握一定的文化知识，包括普通的文化交际规则和不同文化之间的交际规则。这就是说，学生除了要具有扎实的语言基础知识外，还要具备一定的文化知识。文化对语言的影响和制约主要表现在两个方面：影响词语的意义结构以及影响话语的组织结构。

五、英语口语教学的基础理论

（一）输入输出理论

1. 输入理论

输入这种教育教学理念在外语教学与研究领域一直受到广泛关注。作为语言习得的前提和必要条件，学者们就其在语言习得过程中的地位进行了论述。在关于输入的众多理论研究中，最具影响力的是美国学者克拉申（Krashen）在1985年提出的"输入理论"。克拉申在其"输入理论"中指出，可理解性输入（Comprehensive in put）是二语习得的唯一条件。[1] "可理解性输入"指的就是整体难度不超出外语学习者的基本能力和理解范围，但又稍稍高于学习者的现有水平的语言输入，用公式表示就是"i+1"，"i"代表学习者目前的

---

[1] 闫冰. 听、说、读、写、译 基于提高综合应用能力的大学英语教学研究［M］. 成都：电子科技大学出版社，2016：97.

知识水平和能力，"1"代表略高于学习者目前知识水平的语言知识，"i+1"表示学习者习得后略高于原来水平的语言能力。克拉申认为只有提供给学习者高于目前语言水平的可理解性输入，语言的习得才得以发生。[①] 对于"i+1"的知识内容，学习者根据具体语言材料提供的情景则能自然而然的习得语言，语言能力的提高也因此自然而然的发生。

2. 输出理论

克拉申的输入理论认为可理解性输入是语言习得的唯一条件，至于输出，只是输入的自然结果，对语言习得没有直接作用。[②] 针对克拉申提出的语言"输入理论"中的不足，著名语言学家斯温（Swain）提出了"输出理论"。输出理论是他采用法语对于以英语为母语的学生开设的语法课程时提出的。他指出[③]，学生在进行外语学习的过程中经常会犯一些语法错误，这种现象出现的原因并不单纯是学习者的语法基础，另外一个通常被教育者忽视的原因是课堂上老师绝大多数时间都在进行输入式的教学，学生很少用目的语言进行交流，教师反馈也不成系统。斯温的输出理论认为，语言的习得不仅需要输入，输出也是必不可少的一个环节。可理解性的输出不仅可以锻炼语言学习者的流利性，对于提高学习者的语法准确性也有重要意义。[④]

3. 输入输出理论对于英语口语教学的启示

（1）完善可理解性课堂输入。学生在口语表达中遇到的最大问题通常是无法用现有的语言知识表达自己的观点和想法，究其原因是语言输入太少，输入量不足，无法促进输出。克拉申指出了可理解性输入对于语言习得的重要意义。大学英语口语教学改革的首要任务就是完善和加强可理解性的课堂输入。

根据输入理论的要求，提供给语言学习者的输入须是可理解性的，因为根据输入理论，只有可理解性的输入才能有效促成语言习得。因此，英语课堂上的语言输入首先需符合学生的实际语言水平，根据学生现有水平进行输入材料的选择，因材施教，输入材料既要符合学习者的现有水平，又要在一定程度上超出学习者目前的口语水平，这样的输入更有针对性。高校扩招使得学生的口语水平参差不齐，而完善的可理解性课堂输入能够有效解决这一问题。

另外，丰富的输入材料对于输入是必不可少的。克拉申的"i+1"公式明确指出高于学习者目前水平的输入量的必要性。多种多样的阅读材料和听力资

---

① 肖展. 基于输出驱动假设的大学英语学习策略的研究 [J]. 佳木斯职业学院学报, 2017 (9).
② 李红霞. 大学英语教学研究 [M]. 天津: 天津科学技术出版社, 2017: 80.
③ 闫冰. 听、说、读、写、译 基于提高综合应用能力的大学英语教学研究 [M]. 成都: 电子科技大学出版社, 2016: 98.
④ 李红霞. 大学英语教学研究 [M]. 天津: 天津科学技术出版社, 2017: 81.

源都是输入的有效途径，教师可以不拘泥于教材，向学生推荐一些知识性、趣味性、前沿性都很强的阅读听力资源，如可以让学生阅读英语报纸杂志，观看英文电影和电视节目，收听英文广播等，这样能让有效的补充课内输入单一性的不足，让接触到地道纯正的英语表达，让学生通过课内外输入尽可能多的语言知识，以促进口语输出的产生。

（2）多种途径推动语言输出。根据斯温的输出理论，可理解性输入之后，大量可理解性输出对于语言习得起着关键性的作用。对于大学英语口语教学来说，形式多样、行之有效的口语输出方式至关重要。对于口语输出来说，轻松愉悦的课堂氛围是非常必要的，教师要为学生营造一种轻松的无压力的交流氛围，充分考虑到学生的个体差异，重视对于学生的鼓励和自信心的培养，使学生在宽松的课堂环境中进行有效的口语输出。

为改变单一语言输入的传统教学模式，教师应不断探索多样性输出形式，力争在有限的课堂时间之内，提供给学生更多的输出机会。分组讨论，做报告，辩论，故事复述，图片描述，定题对话，英文歌曲比赛，短剧表演等课堂活动都是很好的培养学生口语表达能力的输出方式。在学习者输出的过程中，他们在特定语境中意识到自己目前的语言水平与目标语之间的差距，充分引起学习者的注意，推动学习者进行语言输出，并在输出的过程中不断验证假设，促使学习者不断完善本身的语言结构，从而达到语言能力的习得。

（二）二语习得理论

1. 二语习得理论解读

第二语言习得（Second Language acquisition/SLA，简称二语习得），通常指母语习得之后的任何其他语言学习。[1] 人们从社会学、心理学、语言学等角度去研究它。第二语言习得研究作为一个独立学科，大概形成于20世纪60年代末70年代初。它对第二语言特征及其发展变化、学习者学习第二外语时所具有的共同特征和个别差异进行描写，并分析影响二语习得的内、外部因素。与其他社会学科相比，二语习得研究是个新领域，大都借用母语研究、教育学研究或其他相关学科的方法。概括地说，这一领域的研究是为了系统地探讨二语习得的本质和习得的过程。其主要目标是：描述学习者如何获得第二语言以及解释为什么学习者能够获得第二语言。

2. 二语习得理论的研究

早期的第二语言习得理论是教学法的附庸，为提高教学质量而服务，但是

---

[1] 高玲慧. 语块理论下的大学英语听说教学研究［M］. 长春：吉林大学出版社，2018：8.

随着时代变迁，第二语言习得理论有了自己的研究领域而开始成为一门独立的学科。现时的第二语言习得研究涉及三大领域，即中介语研究，学习者内部因素研究和学习者外部因素研究。

自20世纪70年代以来，人们对二语习得从各个不同的方面进行了研究，所运用的研究方法也各具特色。有的研究侧重于描写，有的研究偏重于假设，有的研究则采用实验。多年来，第二语言的多侧面、多方法的研究格局导致了该领域中的理论层出不穷。比较著名的二语习得理论有：乔姆斯基（Chomsky）的普遍语法与二语习得、克拉申的监控理论和二语习得环境论。

3. 二语习得应用的阶段

二语习得在实际的语言学习过程中包括四个基本阶段：第一阶段为沉默期；第二阶段为英语语法干扰期；第三阶段被称之为学术英语提高期；第四阶段是学习曲线上升期。

根据二语习得理论及具体的四个阶段可以看出，克拉申的二语习得理论对语言教学有着重要的启迪作用，确实为第二语言习得的研究和教学开辟了一片新的领域，使第二语言的教学有了长足的进步，而由克拉申自己开创的自然教学法也取得了很好的效果，直到今天仍然很盛行。

首先，语言是交流的工具。克拉申的整个理论是建立在"语言是交流的工具"这一基础上的。习得和学得的区别是前者是潜意识的学习过程，后者是有意识的学习过程。[①] 前者是以"规则"为判断基础，后者是以"语感"为判断基础。从根本上说，语言是交流的工具而不是规则、语音和词汇的组合。中国学生和教师都熟悉我们传统的语言教学模式，通常我们的每一节课都会以教授和练习某一语法结构为目的，这一语法结构掌握了，就会开始下一个。事实上，我们应该"先要交流再要语法"。只有把交流看作教学的重心，语言教学才会成功。

其次，输入第一，输出第二。在语言学习中，听、说、读、写四种技能很难被分开，所以也很少有人去考虑哪个更重要。克拉申则强调只有在有了足够的输入，学习者感到已经准备好了的时候，输出才会自然出现。在接触了足够的输入，积累了足够的语言能力后，输出会自然出现。克拉申认为可理解的输入是提高语言能力的唯一因素。

最后，语言课堂的气氛应该降低情感过滤因素影响。情感因素会妨碍或促进输入到达语言习得机制。所以，语言学习的课堂气氛应当有助于降低学生的情感因素的妨碍作用。

---

① 李红霞. 大学英语教学研究［M］. 天津：天津科学技术出版社，2017：85.

在这里,作为大学英语口语教学当中角色之一的教师就要发挥好指导作用。教师的首要职责是创造一种宽松的课堂氛围促进语言习得的效果。教师的主要任务是鼓励学生,提高学生的语言学习兴趣。无论他在课堂里做什么,教师都应该能够激发学生的兴趣,降低学生的情感过滤因素的妨碍作用。在教学的不同阶段,教师可能会担当不同的角色:

(1) 提供输入材料阶段,教师就是提供信息者。这一阶段是语言学习最重要的阶段,教师将是舞台的焦点,通过各种手段向学生提供可理解的足够的输入材料。

(2) 练习阶段,教师将是导演和现场督导。在此阶段,轮到学生说话,教师要像经验丰富的导演那样进行指挥和组织,并起到督导的作用保证活动的顺利进行。

(3) 输出阶段,教师将是经理和导游。在这一阶段要善于鼓励学生,使学生保持兴趣。同时,作为教师,还应该要注意在课堂的教学活动中不要过分要求输出,在开始阶段应允许学生用单词、短语、甚至断句来回答,循序渐进;语法虽然是学习的基础,但在口语的教学活动中,对语法的纠正应该被局限在最低的程度,毕竟有意识的语法应用无助于语言能力的提高;教师应当积极主动,多以鼓励和辅助为主,这样才有助于提高学生在口语学习中的学习动机、增强学生的自信降低学生的焦虑不安。

第二节 英语口语教学的现状

一、从教师层面而言

(一) 轻视口语水平训练

当前还有相当一部分英语教师仍然没有转变传统的教学理念,表现在:重语言轻内容,重模仿轻创造,重应试轻能力。由于受四、六级和期末英语考试的影响,他们在视听说课堂上着重训练学生"听"的技能,而与四、六级考试关系不大的"说"则严重忽视。在大学英语精读课堂教学上同样忽视学生的口语训练,而主要重视英语考试涉及的阅读和写作内容,把培养学生的阅读和写作能力放在最重要的位置。如:通过让学生理解分析课文、扩大课外阅读量等方法提高学生的阅读能力;通过让学生背诵范文和作文模板等突击方式来锻炼学生的写作能力。在这种学习方式下，学生提高的只是对各种考试的应试能力，而不是语言的综合应用能力。结果，虽然学生笔试能拿高分，但他们的口语交际能力和逻辑思维能力依然薄弱。

（二）教学方法滞后

我国的英语口语教学是作为英语整体教学的一部分而出现的，并未被独立出来，因此英语整体教学中存在的问题也直接体现在口语教学上，其中教学方法滞后就是一个重要的问题口语教学中，教师也习惯性地采用传统的"讲解—练习—运用"的教学模式。这看似体现了教学的规律，实际上却制约了学生说的积极性。在此教学模式下，学生只能被动地接受教师所讲授的词汇和语法知识，在没有语境的情况下做大量机械的替换、造句等练习，这样根本无法有效地锻炼口语表达能力。

（三）轻视思维习惯的培养

即使在大学英语课堂，有些教师给予口语教学一定的重视，但口语练习多半放在语言使用的正确性和语言表达的流畅性上。他们主要针对学生所犯的低级语法错误、单个语音错误现象给予纠正。而实际上，由于长期受到过分强调语言形式的教学倾向的影响。学生也会形成一种观念，口语学得好就是发音正确、句子没有语法错误、表达流畅。这种衡量标准就会使学生懒于思维，经常是全部接受地顺从教师的思维模式。因此，他们很难运用批判性的认知分析和讨论他们的观点。

（四）教师指导方法欠佳

在英语口语教学中，很多教师在对学生的口语表达进行指导时缺乏科学合理的方法。具体表现在以下几个方面：

（1）很多教师在口语教学中使用逐字逐句纠错的方式，这容易使学生产生依赖心理，打击学生学习的积极性。

（2）很多教师没有对口语话题提供足够的语言支持，如给学生提供一些必要的词汇、重要句型等。

（3）很多教师没有对口语话题进行适当或必要的解释，没有从观念、情感、文化、价值观等方面对话题进行拓展，学生对话题理解不透彻，自然很难进行有意义的互动。

（4）很多教师没能从学生的角度出发去指导口语使用策略，如何根据说话者的意图、语言功能、语境等对口语内容与方式进行组织。

二、从学生层面而言

（一）语音不标准，词汇匮乏

受汉语语言环境的影响，语音基础不好的学生有的发音不准，影响了语义的表达；有的带有地方口音，听起来十分可笑；有的不能正确使用语调、重音等，直接影响了英语口语语音、语调的标准性。另外，由于缺乏练习，学生往往很难将学到的词汇用在口头表达中，从而造成无话可说或不知如何去说的尴尬。

（二）学生缺乏自信，逻辑推理能力和评析能力差

由于口语在中、高考不占分值，因此在中学阶段尤其是农村生长的学生学的英语都被称为是"哑巴英语"，直到目前还存在着这种现象。因此多数大学生在中学阶段的口语训练极其有限，导致他们在练习口语时发音不准、缺乏自信、过度焦虑；即便能够回答教师提出的问题，也仅限于简单的几个单词，不能进一步表达阐释自己的观点；与其他同学进行讨论时，也常常是哑口无言，只听不说，更不能对问题形成独特的观点和看法；个别同学能勉强交流，但语无伦次、逻辑性差，明显缺乏分析、综合、判断、推理、思考和辨析等批判性思维能力。

（三）英语口语课堂小组练习缺乏"主动"和"互动"

为了消除学生的胆怯、自卑和焦虑心理，课堂上教师经常以小组讨论的形式惊醒学生的口语训练。有部分学生在小组活动展开过程中显得清闲自在，他们多半是在谈论与课堂无关的话题，在教师的近距离监控下才会转换话题，他们明显缺乏主动性；还有的学生在讨论的过程中缺乏互动，喜欢针对一个话题一次性说完自己的观点，对别人的观点不加任何评价，对整个小组讨论的结果不善于归纳总结，这就很难形成热烈的探讨。另外，对于小组成员汇报总是集中在少数几个人身上，换作其他成员往往说得很少，甚至无法进行。同时在别的小组发言时，几乎一半的学生没有认真倾听，或是对其他组的讨论根本不感兴趣，使得课堂缺乏实质性的互动，未充分发挥出自主、合作、探究学习方式的作用。学生在做课堂活动时几乎是处于一种"无思维"状态，即使"灵光一现"，也很难运用批判性的认知分析和讨论他们的观点。

三、从教学环境层面而言

（一）课时严重不足

与阅读、听力和写作相比，口语能力的提高往往需要更长时间的练习，这就意味着教师需要把更多的时间与精力放到口语教学上。然而，目前我国大学英语口语教学并不是一项独立的教学内容，分配给口语的教学时间也难以保证。因此可以说，课时不足是英语口语教学的硬伤。

（二）缺乏配套教材

就目前的情况来看，我国适用于非英语专业的大学英语口语教材少之又少。我国大部分院校使用的英语教材或者将口语训练当作听力训练的延展附在听力训练之后，或者直接取消口语训练。而那些处于附属地位的口语练习往往内容简短、系统性差，缺少必要的练习指导与参考答案，其实用性很难得到保证。

此外，市面上的口语教材要么过于简单（只涉及简单日常用语），要么难度太大（涉及一些专业领域），与大学英语教材在难度上难以实现对接，因此这些教材在辅助学生口语练习时的效果并不理想。

（三）缺乏口语评估制度

评估可以检验教学的质量，是教学中不可或缺的重要环节我国最常使用、影响最大的评估方式就是考试。例如，小学初中、高中都有相应的期中、期末考试，大学有英语四、六级考试。然而，这些考试多是对学生听力、阅读、写作、翻译技能的检测，而无法考查学生口语学习的质量，而且专门用于检验口语水平的测试少之又少。造成这一现状的原因在于，口语考试的实施与操作都有一定的难度，如口语测试材料难易程度的把握、考试形式的信度与效度等问题等。对此，大学英语四、六级考试委员会在全国部分省市实施了大学英语口语考试，并规定了统一的等级评审标准。显然要想切实提高教师和学生对口语的重视程度，提高口语教和学的质量，仅仅增加大学四、六级口语考试是远远不够的，但大学四、六级口语考试制度的出台对于完善英语口语评估制度无疑提供了良好的示范作用在此指引下，我国将来势必会推出更多、更科学的口语评估方式。

综上所述，我国大学英语口语教学的现状令人担忧，某些状况已经成为学生提高英语口语表达能力的障碍，也严重阻碍了大学英语口语教学的有效实施。

第三节 文化差异对英语口语教学的影响

一、词汇文化因素对英语口语教学的影响

要想清楚表达自己的思想,学生首先需要掌握大量的词汇。同时,由于不同语言所处的文化背景不同,因此词汇的文化内涵有时会表现出很大的差异。在英语口语教学中,教师应有意识地向学生介绍词汇文化之间的差异,丰富学生的词汇文化知识,为学生的口语表达奠定基础。

以 wink 一词为例,英语里关于 wink 的习语有很多,教师可以将这些习语有意识地导入口语教学中。例如,现代社会很多人都有失眠的经历,"I didn't sleep a wink last night."(我昨晚一夜都没合眼。)这里的 wink 是"眨眼"的意思,但是在 forty winks 中,其含义并不是"眨四十下眼睛",而是"小睡"的意思。教师可以通过此类习语引导学生将其巧妙运用于自己的口语交流中。

二、习语文化因素对英语口语的影响

不论是在中文里,还是在英文中,都蕴含着丰富的习语。它们简短生动,是历史文化积淀的产物,不深入了解文化背景就根本无法理解习语,最典型的莫过于两种文化对待狗这种动物的态度上了。汉语中含有狗的习语大都是贬义词,如狼心狗肺、狗急跳墙;而西方人则认为狗是人类忠诚的朋友,因此和狗相关的习语是没有贬义的,如 Every dog has his day 意思是凡人皆有得意日;You are a lucky dog 则是夸对方是幸运儿。因此,认识习语中的单词,并不代表理解这个习语的意思,想要在英语口语中正确使用习语,必须掌握和习语有关的文化知识。

三、社交文化因素对英语口语教学的影响

中西方社交文化存在诸多差异,这些差异对口语交际具有重要影响,直接影响着口语交际者在交际过程中的应答或反应。因此,学生有必要多了解中西方社交文化方面的差异。

（一）寒暄

中国人初次见面时常常会问及对方的年龄、工作、家庭情况等，如"你今年多大了？""你是做什么工作的？""你结婚了吗？"等问题，有时也会表现出对对方的关心，如"你好像瘦了，要注意身体啊""你脸色不太好，是不是不舒服？"等。在平日的寒暄中，中国人通常会说"去哪啊？""吃饭了吗？"等，表示对对方的关心。但是对于西方人来说，如果他听到"吃饭了吗？"会以为对方是想请他吃饭，从而容易产生误会。

西方人见面寒暄时往往不会谈论个人的年龄、收入、家庭情况、住址、信仰等问题，因为这是个人的隐私。他们经常讨论的话题是天气，这是因为英国的天气变化无常，有时一天中甚至会出现犹如四季的变化，这导致人们对天气产生了一种特殊的感觉。总之，学生在跨文化交际过程中应多了解这些不同的文化背景，避免因触犯个人隐私而引起别人的反感。

（二）关心

在跨文化交际中，中国人有时会出于善意去关心对方，这在中国人看来是很自然也是会令人感动的事情。然而，由于文化差异，这样的举动可能会导致对方不高兴，从而造成不必要的误解。因此，教师在口语教学中，应该将社交文化中有关"关心"的话题文化通过比较、实例分析等方式进行讲解，从而在一定程度上促进学生的口语理解能力和水平。

（三）客套

在表达客套这方面，中国人一般很注重形式，讲究礼仪，重视表象；而西方人多是直线性思维，讲求效率和价值，没有过多的繁文缛节。这些文化因素也会对英语口语教学造成影响。因此，教师也应该集中收集这些方面的话题，并给予学生一定的讲解。

四、思维模式因素对英语口语教学的影响

英汉两种语言的思维模式存在诸多差异，这自然会对英语口语教学产生重要影响。例如，由于受母语迁移的负面影响，很多学生习惯了说"中式英语"，因此表达的句式不符合英语语法，这会给学生的交流带来很大的障碍。此外，思维模式的差异对学生表达的流利性会产生影响。很多学生习惯了用汉语进行思维，在用英语进行表达时，经常会一时找不到英语对应词从而在表达中出现停顿、犹豫等现象，这就不利于学生与外国人的顺利交流。

五、句式和语篇思维方式的文化因素对英语口语的影响

英语的句式较紧凑,以介词和连词构成的长句居多;而汉语句式则爱用动词,以短句为主。如:It is a truth universally acknowledged that a single man in possession of a good fortune must be in want of a wife. 凡是有钱的单身汉,总想娶个太太,这是一条公认的真理。

从语篇看,英语语篇模式大多为直线型思维,其特点是单刀直入,先提出主张再具体说明。以下面的一段话为例,①首句:Soccer is a very difficult sport. ②A player must be able to run steadily without rest. ③Sometimes a player must hit the ball with his head. ④Player must be willing to bang into and be banged into others. ⑤They must put up with aching feet and some muscles. 英语国家的人说话时先开头点题(在此段话中表现为第①句)再具体分析(在此段话中表现为第②③④⑤句)。而中文语篇则体现出"螺旋式"思维,曲折迂回,先说明理由再提出主张。如果用汉语表达上段话的意思,则为:足球运动员必须能不停奔跑,有时候得用头顶球,撞别人或被别人撞,必须忍受双脚和肌肉的疼痛,所以说,足球运动是项难度很大的运动。由此可以看出,中文的表述隐喻婉转,先说明理由再提出主张,和英文有很大不同。所以为了培养好英语口语能力,与英美国家人交流时,应注意这两种思维方式的不同,以便更好地沟通。

第四节 跨文化交际下的英语口语教学的策略

一、创境策略

学习实际上就是一种体验,只是这种体验是实景体验,这种体验应该发生在具体的、生动的情景之中,因为只有这样,学习的效率才会更高。所以,教师应该在口语课堂中引进真实的语境,使语言和情景紧紧地结合在一起,这样原本抽象的语言教学就会变得具体、形象而生动,同时也能够促进跨文化交际的顺利进行。事实证明,学生们在真实的语言情景之中学习口语,他们的积极性会提高,同时他们运用外语的能力也会快速提升。

（一）需要注意的内容

教师在为学生创设情境时要注意情境主题的真实性，由于学生的语言交际活动与情景有很大的关系，所以教师在课堂上所选取的情景和教学目标要一样。教师选择情景式的原则是尽可能地贴近学生们的学习和生活，是常见的、有代表性的、自然的，同时也是与语言交际相适应的，如此一来，就将学生将要学习的内容和营造的情景结合起来，学生在"真实"的语境中学习口语，可以提高他们在真实的语境中输出语言的水平。

（二）情境教学的主要形式

1. 配音

配音活动的开展方式并不是固定的。教师可以先让学生看一段电影、电视片段，再讲解其中的语言要点，讲解完后再播放两遍给学生看，让学生尽量记住里面的对白。然后将电影、电视调至无声，让学生根据记忆为电影配音。除此以外，教师也可以让学生观看一段无声的电影、电视片段，然后让学生发挥想象力为片段配音。这种方法更有助于激发学生的想象力，调动他们的参与积极性，口语锻炼的效果也会更好。

2. 角色表演

角色表演是指让学生在不同的社会场景中扮演不同的角色来进行交流练习的活动，为学生们日后的真实交流打下良好的基础，角色扮演完全摒弃了以往的单调、机械、反复的练习方式。在情景教学的方式中，角色表演是最主要的手段，学生们对这种练习口语的方式也是情有独钟。学生们可以根据自己的情况进行角色分配，教师应给予一定的指导，学生自行进行排练，最后进行演出。当演出结束之后，教师首先应让学生们就表演中语言的运用、表演的技巧等方面进行评价，发表自己的观点，教师最后对表演进行综合点评。

二、引入文化策略

语言是文化的载体，语言的使用无不反映着发话人的文化背景。我国学生由于受根植于内心深处的母语文化的深刻影响，因而在用英语进行口语表达时总会带有汉语思维，很容易导致表达不地道。因此，在英语口语教学中应该将文化和口语教学相结合，利用文化导入的方法来教授英语口语。

（一）文化导入的内容

文化导入教学开始之前，教师首先必须明白文化导入的内容是什么。文化对语言的影响和制约主要表现在两个方面：词语意义和话语意义。因此，在英语口语教学中，教师也要从这两个方面来导入英语文化。词语意义的文化导入内容包括：词、习语在文化含义上的不等值，字面意义相同的词语在文化上的不同含义，民族文化中特有的事物与概念在词汇语义上的表现。话语意义的文化导入内容包括：话题的选择、语码的选择、话语的组织等。

(二) 文化导入的方式

1. 结合教材导入

教师可向学生介绍一些与当堂课的教学内容相关的背景知识。例如，在一节关于饮食的口语教学课上教师可向学生介绍一些西方的饮食文化，并为学生补充一些相关词汇、常用语句。这种方式是最直接、最自然的导入。

2. 结合多媒体导入

中国学生的英语口语学习有一个极大的不利因素——缺乏大的英语环境。英语环境的缺乏导致学生无法感受英语及英语文化，增加了口语表达的困难。对此，教师可以利用多媒体为学生提供大量的英语文化知识，创设真实的英语情境，使学生身临其境地感受英语及英语文化，增加学生之间的互动交流，从而有效激发学生的学习热情。

3. 对比导入

在英语的口语教学过程中，将主、客体文化进行比较分析，是帮助学生构建客体文化行之有效的教学方法。对比导入策略应发挥学生的主动性与积极性，可以采取以下措施，在上课之前就将任务分配给学生，他们就可以针对学习任务做适当的准备工作，如查阅相关的资料，每一节的口语都安排学生进行讲解，教师针对学生讲述的内容进行适当的补充。这种方法的好处是，既在口语教学的全过程中穿插了文化学习，而且还使学生们学习的积极性和主动性增强。需要注意的是，两种文化的对比内容要具有可比性，即应是"同质"比较。

三、强化交际性训练

交际能力包括四个方面：一是语言能力，指正确理解和表达话语和句子意义所需的语音、词法、句法、词汇等语言知识系统；二是社会语言能力，指语言使用的规则，即在人际交往中合适理解和使用话语的能力；三是语篇能力，指在超句子水平面上理解和组织各种句子构成语篇的能力；四是语言策略能力，指说话者在遇到交际困难时运用的一套系统的技巧，用于补救交际中因缺乏应有的能力而导致的交际中断。从以上分析可以看出，语言能力只是交际能力的一个组成部分，缺乏语用能力，即社会语言能力、语篇能力和语言策略能力，交际能力只是纸上谈兵。因此，英语口语教学应注重在交际性训练中培养语用能力，提高口语交际策略。

一要创造语言环境，营造以学生为中心的课堂交际场景。教师应联系社会生活设计真实的任务情景，将语言知识的学习融于语言使用的活动中，使语言能力和语用能力的发展紧密结合起来。另外，策略能力也是交际能力不可忽视的一部分。当学生语言知识和语言能力有限，不足以充分和合适地表达自己的思想时，可利用转述、借用、手势与回避等策略保持交际渠道畅通。

二要发挥教师的指导作用，调控与激励学生的学习动机。动机策略包括激发和调动学生的外部动机和内部动机。外部动机指学习活动的表现与活动结果之间的联系，如出色的表现所带来的知识积累及其在今后学习中的价值；内部动机指学生在活动中花费努力而获得的自我愉悦和成就感。因而教师应充分调控与激励学生的学习动机，为他们提供必要的资源和帮助。

三要充分利用多媒体辅助教学，享受纯正的现场语言交际情景。多媒体信息量大、速度快，可帮助教师传递大量信息，给学生提供多种形式的训练方法及更多的语言实践机会，有利于语言应用能力的提高。同时，它具有语言、画面、音响三结合的特点，把学生带进真实的社会语言交际场所，视觉、听觉冲击力强，效果得以优化。

第五章　基于跨文化交际的英语阅读教学研究

在传统的英语阅读教学中，无论是教师还是学生，都认为掌握词汇量和语法知识是提高阅读效果最根本的途径。然而，不少学习者都遇到过这种问题，即在阅读文章之前，把所有的生词和语法知识都通过查词典等相关方式掌握了，但读完文章后仍然一头雾水、不知所云。这便是由于学习者的知识体系中虽然具备了英语语言知识，却缺少了跨文化知识作为支撑。本章即立足跨文化交际视角，对英语阅读教学展开全面分析。

第一节　英语阅读教学概述

一、英语阅读的本质

阅读是一种重要的活动。阅读教学在学校教育中占有重要的地位，学生必须掌握本民族语言、文字的基本规律，积累一定数量的词汇，能够阅读各种类型的文章，拓宽文化知识面，培养、提高分析问题和解决问题的能力，才能完成各门学科的学习任务，为参加社会生活做好准备。通过一定的活动，学生还可以从思想上、感情上受到阅读作品的感染，形成良好的品质，发展他们的个性。阅读过程的研究一直是语言教学研究中的重点课题。很多人认为阅读理解的过程就是，首先认识每个单词，再了解每句话的意思，然后自然地就理解了全文的意思。其实，认识每个单词并不意味着能理解全文，理解全文也不必认识每个单词。

对阅读的本质，目前较为普遍的观点为，阅读具有两个层面：第一是视觉层面，主要是对文字符号进行辨认，将信号传送到大脑；第二是认知层面，对视觉信息进行解释，不是只局限于认字释义，读者大脑中所进行着的是重建过程，试图再现作者在特定语篇的创作过程中所要表达的意义。实际上，第二个层面是相当复杂的过程,并不像有些人认为的那样,阅读是被动接收信息和理解信息的过程。

从心理语言学的角度来看,阅读是一种主动的创造性行为,阅读者要根据自己已掌握的知识经验对作者要表达的意义进行筛选、推测、判断、归纳。在此过程中读者自始至终处于积极主动的状态,不停地对视觉信息进行解码、加工和处理。这就是说,一篇文章的意义不在于材料本身,而是读者与材料不断交流活动的结果。读者把新知识和旧知识联系起来,以便完整地理解文章的意义,这种引申意义的脑力活动不仅仅是对词汇意义的解码,而且是对文章的全面理解。阅读是一个判断、推理、归纳、总结的过程。读者需要把分散于文章中的各种信息联系起来,经过必要的判断、推理,得出自己对文章的认识。这一过程不光要求读者有必要的语言能力,同时对读者的预测机制、认知能力、语篇分析能力提出了较高的要求。阅读是一个心理语言猜测活动。也就是说,一个好的读者总是不断猜测下文是什么,然后用作者所给的信息检验自己的预测是否正确。如果预测正确就开始下一个预测,如果错误,就必须修正原来的假想。由于心理语言学的影响,阅读理论的研究开始重视阅读心理机制以及受这种机制影响的信息传递和和信息处理过程,并通过对阅读行为分析展示阅读能力的构成。

综上所述,阅读是一个解释的过程,是感觉、感知和感情的递进思维过程,是一种心理语言活动,是语言知识和图式知识之间相互作用的结果。阅读既是解码的过程,也是读者与作者沟通与交流的过程,又是构建语篇有效而连贯的心理表征的过程,也是语言水平与各种心理认知机制共同作用的结果。

英语阅读是以文章作为语言实体和信息载体,对书面信息进行认知构建的言语过程。它集语音、词汇、语法等基础知识为一体,是综合训练和考察学生语言运用、阅读理解、逻辑推理、分析判断等能力的有效手段。英语阅读作为一项输入技能在提高综合运用英语语言能力的过程中最直接地体现着克拉申的输入假设,即决定第二语言习得能力的关键因素是接触大量有意义的、有趣的或是相关的第二语言输入材料。阅读是语言输入的最大源泉,学生在很多情况下都可以通过阅读获取知识,不需要任何特殊设施。

二、英语阅读教学的任务

(一) 初级任务

1. 能读懂一般性题材的文章,阅读速度达到每分钟70个词;
2. 能在阅读篇幅较长、难度较低的材料时,速度达到每分钟100个词;

3. 能根据阅读材料的类型和阅读目的选择合适的阅读策略，如略读、寻读等；

4. 能借助词典阅读本专业的英语教材以及题材熟悉的英文报刊文章，并能掌握文章主题，理解主要事实和细节；

5. 能读懂日常生活、工作中常见的英语应用文。

（二）中级任务

1. 能读懂英语大众性报纸、杂志中一般性题材的文章，阅读速度达到每分钟 70~90 个单词；

2. 能在阅读篇幅较长、难度适中的材料时，速度达到每分钟 120 词；

3. 能读懂所学专业领域的综述性文献，正确理解中心大意，准确理解主要事实和细节。

（三）高级任务

1. 能读懂较难的文章，理解文章主旨，抓住文章细节；

2. 能阅读英语报刊和杂志上的文章；

3. 能顺利阅读所学专业的英语文献和资料；

在实际的英语阅读教学中，教师可参照具体的教学目标，适当调整或拓展教学内容。

三、英语阅读教学的要点

（一）明确词汇和阅读的关系

词汇是阅读的基础，而通过阅读也可以巩固词汇。在阅读中，往往词汇量大的学生会提前完成并能够理解文章的内容，回答问题的准确率也较高。因此，学生应不断在阅读中扩充前英语教学的词汇量，并且在背单词后紧密联系阅读材料来巩固所学的单词。把单词和阅读结合起来，才能形成有机而协调的统一。而且，背单词和阅读的结合可以形成一种动态的平衡，这种滚动式和螺旋式的发展方向正是提高英语阅读技能所追求的目标。从目前大学生在英语方面的词汇量来看，词汇量是制约其阅读能力提高的重要因素。按照大学英语教学大纲的要求，每一个学习阶段所需掌握的词汇量是不同的，要达到英语等级考试，必须在词汇量上满足相应要求。同时，只有学生的词汇量丰富了，才能有效理解阅读理解文章的内容，从而在答题时能够明确问题，做到有的放矢。基于这一认识，在大学英语教学中，要认清词汇和阅读的关系，要将提高学生的词汇量当作重要的教学目标，从根本上促进学生词汇量的提高，满足阅读理解的需要。

（二）明确背景知识和阅读的关系

完善背景知识、扩大知识面和健全知识结构是全面提升阅读技能的根本保证和出路。学生的背景知识一被激活，在阅读中将会产生极大的作用。即使语言再难，只要具备与文章内容相关的背景知识，阅读理解也能得到保证。背景知识在阅读中发挥的作用的确不可低估。通过对大学英语阅读理解题目研究后发现，许多阅读理解都是从某一英文文章中摘录下来的，要想深刻理解文章内容，不但需要丰富的词汇量，还要对文章的背景知识有全面的了解。考虑到英语文化和汉语文化的差异，在英语阅读教学的过程中，要将英语文化背景和风俗习惯作为重要的教学内容，使学生能够对英语文化背景有较为深入的了解，促进学生英语阅读能力的提高，满足英语阅读教学的现实需求，从根本上促进英语阅读教学的开展。所以，在英语教学中，要深刻理解背景知识与阅读的关系。

（三）注重阅读材料的选择

1. 阅读教材的选择关系到英语阅读教学的方向

目前在开展英语阅读教学的时候，首先要确定基本的教学方向，并根据教学方向选择配套的教材，同时制定具体的教学模式和教学方法。从这一角度来看，阅读教材的选择与大学英语阅读教学的方向选择息息相关。为了保证英语教学取得积极效果，必须根据教学方向来确定阅读教材的种类和内容。基于英语教学的现实需求，在阅读教材的选择上必须花费较大精力，不但要保证阅读教材的实用性，还要保证阅读教材的内容符合实际教学需要。

2. 阅读教材的选择关系到英语阅读教学能否取得积极效果

从目前英语阅读教学取得的成绩来看，阅读教材的正确选择占有主要因素。正是对阅读教材的准确把握和选择，目前英语阅读教学得到了有效的开展，并且取得了积极的教学效果。因此，从教学效果的角度来看，阅读教材的选择对整个英语阅读教学起着积极的促进作用。从现有的阅读教材来看，它丰富了英语阅读教学的内容，也提高了学生的阅读质量，对英语阅读教学取得预期的教学效果有着重要影响。

3. 阅读教材的选择关系到英语教学的整体性

通过对目前英语教学的了解可知，英语教学具有整体性的特点，在开展阅读教学的过程中，要注重阅读教学与口语教学听力教学、写作教学的衔接，保证英语教学的整体性。从这一角度出发，在阅读教材的选择上，要重点考虑阅读教材与其他教学的衔接性，保证阅读教学能够与其他教学成为有机整体。

四、英语阅读教学模式的选择依据

（一）必须与教学目标相适应

不同的教学模式培养的侧重点不同。以任务型教学为例，任务型阅读不是以培养学生的阅读技能为目标，而是通过任务的完成提升学生的阅读技能，培养学生的语言应用能力。虽然任务型阅读也会涉及通过阅读获取信息，但是其目的不是训练略读、浏览、词义猜测等阅读策略，或培养细节阅读、推理判断等技能，而只是因为完成真实的任务需要从阅读中获取信息。如果课堂教学的目标是培养主题句阅读技能、词义猜测技能、推理判断技能以及对文章的理解能力，那么任务型教学就不是最佳选择。

（二）必须与教学内容相适应

不同的教学内容需要不同的信息处理方式。故事类文章与说明类文章的处理方式不同，应用类文章与议论类文章也不同；教学中信息识别与信息应用的处理方式不同，篇章结构分析与推理判断也不同；故事类文章可以采用故事语法的教学方式，或体验型教学方法，但是说明文就要采用分析型教学方式；信息识别可以采用选择型教学方式，而信息应用就要采用表达和体验式教学方式。在选择教学方式时，必须注意阅读文本的特点和信息处理内容的特点，选择适当的教学方法。

（三）必须适应学习者的需求

不同的学习者认知水平不同，兴趣爱好不同，教学方法也应不同。例如，不能用中小学阶段的教学方法开展大学英语阅读教学。游戏为中小学生所喜欢，但是大学生可能认为太幼稚而不愿参与。再者，不同的学习风格对教学方法的要求也不同：对于动觉型学习者，可以采用体验式教学方式；但是对于分析型学习者，就要设计分析型学习任务，而不是体验型学习任务。

（四）必须考虑到教师的自身情况

教师在课堂教学中扮演组织、管理、促进、评价和指导等角色，每个教师由于其自身语言能力、教学技能、教学观念以及信息处理方式等方面的差异，所适应的教学模式与方法也不相同。有的教师习惯于讲解，有的教师擅长组织体验型活动；有的教师喜欢传统的听说或者翻译教学，而更多的教师会接受新的教学思想，在教学中尝试任务型教学，指导学生进行项目学习、探究式学习，等等。这些新的教学方式对教师的素质提出了更高的需求。虽然每个教师都会采用自己可以胜任的教学方式，但是其所能胜任的教学方式并不一定是实现教学目标的最佳方式，也可能是无法适应学生需求的教学方式。因此，从教学策略设计的角度出发，教师应该协调好教与学两方面之间的关系，一切从实际出发。

第二节　英语阅读教学的意义与重要性分析

一、英语阅读教学的意义

（一）顺应知识爆炸和信息革命对阅读的要求

当今世界的一个重要特征就是知识爆炸和信息革命。每个人都会时刻感到自己是在知识和信息的海洋里遨游搏击。

现代科学技术正以惊人的速度向前发展，知识更新频率加快，信息量以几何数字而成倍增加。在知识爆炸的当今时代，对一个国家科学技术发展或对一个人学识才能的衡量与评价，不仅取决于其信息的拥有量，而且取决于其获取新信息的速度。在当今社会，文字仍是大量信息跨越时空的最好载体和人类传递科学文化信息、远距离交流经验、沟通思想感情、传播文明的重要工具。我国同世界各国的科学文化交流日趋频繁，浩如烟海的外文资料亟待我们去阅读。要想在这样一个信息革命和知识爆炸的时代跟上时代的脉搏，赶上信息的浪潮，不断用人类研究的最新成果来武装自己，就必须学会阅读，讲究阅读方法，养成良好的阅读习惯，具备高效的阅读能力，能够在浩如烟海的文献资料中快速地阅读到所需的东西，而且能够在有限的时间内尽可能多地阅读所需要的文献，摄取尽可能多的重要信息。

高效的阅读能力是需要训练和培养的，而科学的阅读训练和培养必须以阅读理论为基础。为了研究阅读过程，提出科学的阅读理论，为快速高效的阅读训练提供理论依据，1966年在法国巴黎成立了"国际阅读协会"（international reading association）。同时，一门新的学科——阅读学，也应运而生了。许多知名学者从语言学、心理学、哲学、社会学、认知科学、信息论、人工智能等多角度和多方面对阅读有关的许多问题进行了深入而广泛的研究。研究的问题涉及阅读的生理和心理机制、阅读理解的过程、阅读速度、影响阅读的因素、阅读效果、阅读教材、阅读方法、阅读教学等。

(二) 强化语感，提高学生英语口语和写作技能

众所周知，语感在心理学上应属于被称为理智感的情感范畴。人除了有属性的感觉外还有特殊的关系感觉和情感，借助这些理智感人们能够直觉地认识各种各样的联系和关系。当人所感觉到的联系和关系还未被意识到的时候，直觉的认识只能是感性的。语感应理解为对语言的感性反映。语言是作为交际手段的复杂体系，使用语言的语感无疑也是一个复杂的结构，可在三大范畴中反映出来：一是反映词所标志的客体之间的联系与关系；二是反映语言特征的（指语音、词汇、语法、修辞等语言特点）联系与关系；三是反映两种不同语言体系之间的联系与关系。人在实际掌握语言时，所有这些语言联系和关系已直接体验到，但并未意识到，语言联系和关系的所有这些感性反映形式构成巨大而复杂的感性复合体，这便是语感。这种语感使人能够不必意识到语言的这些或那些特点而实际掌握语言。为了使学生高频率接触除课本以外的英语材料，教师通常会引进各种英语报纸、杂志或书籍等，为学生们提供拓展阅读，并在英语阅读教学的过程中，不断强化阅读输入。随着时间的推移，学生在教师的引导下会逐步养成坚持阅读的习惯。阅读的输入，这不仅有利于培养学生的语感，也在潜移默化中提高了他们的其他技能，如口语表达能力、写作能力等。另外，通过阅读英语短文，学生有机会接触地道的英语表达方式，这既巩固了其原有语言知识，又帮助其积累新的语言知识，无疑对其阅读能力、写作能力的提高都有很大帮助。

(三) 阅读教学是提升学习者英语水平的重要手段

对于英语作为外语的中国人来说，英语阅读不仅是英语学习的目的，而且是英语学习的手段和途径。英语阅读技能不仅是最重要的语言技能之一，而且是英语学习者应该掌握的学习技能之一。

第一，中国的英语教学是外语教学，与母语教学相比较，缺少语言教学实际情境。缺少实际情境的外语教学不利于听说能力的发展。从阅读入手是学生培养语感、积累语言经验的有效途径。我国的英语教学实践也充分证明了这一点。

第二，英语学习需要在正规的教学中系统地学习语言知识。如果没有正规的教学环境，学习者要借助于家庭教师或现代化教学手段来系统地学习。不管

是正规的学校教学还是个人借助于现代化教学手段的自学,英语学习必须借助于文字。也就是说,在与母语学习不同的语言学习环境中,文字材料是英语学习赖以进行的基础。没有文字材料,英语学习者就没有语言知识输入的源泉;没有文字材料,英语学习者就没有操练语言、获得语感的条件,就没有复习巩固所学语言的依据。

第三,英语阅读是提高英语学习兴趣,增长知识的重要手段。随着阅读能力的不断提高,语言知识的不断增加,英语学习者的阅读量也会不断加大。这时,英语学习者的阅读兴趣就从纯语言学习性阅读逐渐发展到语言应用性阅读。学生的一部分注意力转移到了阅读材料的内容上,对题材内容发生了兴趣。英语学习者在英语阅读上感到了英语学习的进步与成就,这反过来又进一步激发了他的英语学习兴趣。通过广泛、大量的英语阅读,英语学习者猎取了知识,增长了见识,开阔了眼界,从而有力地促进了英语学习动机的增强。

第四,快速而高效的阅读有益于英语学习者智能的全面发展。英语阅读不仅使英语学习者增长知识,提高兴趣,而且也会提高其抽象概括、归纳综合、逻辑思维、理解记忆等方面的能力。阅读理论中很重要的一点,就是把阅读首先看作为推理活动。阅读一方面是由文字到思想,另一方面是由思想到文字。词句的解码和歧义的消除,既离不开阅读者已有的背景知识的参与和运用,更离不开阅读者依据所读的上下文而进行的假设、预测、验证、确定等大量而复杂的逻辑理解活动。同时这种逻辑理解又会很自然地促进阅读者对所读所学的英语材料的逻辑掌握,而逻辑掌握又是高效率学习的前提。

(四) 阅读教学有利于培养学习者积极向上的生活态度

一些英语学习者在学习过程中可能表现出焦虑的情绪。焦虑是对当前或预计到对自尊心有潜在威胁的任何情境而产生的一种担忧的反应倾向。它是由于个体受到不能达到目标或不能克服障碍的威胁,致使自尊心与自信心受挫,或致使失败感或内疚感增加,从而形成的一种紧张情绪状态。中国学习者在多年的英语学习中遭遇的挫折是比较多的。费时费力费神,听说读写技能不但没有实质性的提高,却落下心理上的许多阴影。"听说不通,翻译不像,写作不爽"成了很多学习者的真实写照。由于听说相对更薄弱,信心表现出更加不足,成就感低,学习动机淡漠。受传统英语教学影响,学生对书面文字接触更多,基础相对要强些,对于语言内容更易于接受。虽然阅读不能大量在课堂上实践,但如果能在课外培养学生自主阅读的能力和习惯,指导学生掌握阅读的策略和技巧,持之以恒阅读各种难易程度相当的材料,假以时日,学生就有可能产生学习英语的兴趣,逐渐找到自信,从而医治由英语学习的挫折感而引起的焦虑感，这将大大改善英语学习者的心理环境。

此外，教师通过挑选非常具有时效性和积极向上精神情怀的英语阅读材料，有助于使学生逐步树立起正确的人生观、价值观和世界观，从而使学生具有积极乐观的生活和学习态度。同时，具有趣味性、创新性和时代性的阅读材料还可以缓解学生沉重的学习压力，将压力转化为前进的动力。言而总之，通过阅读具有教育意义的英语阅读材料，学生将逐渐养成良好的情感态度，形成乐观积极的人生观和价值观，并可能激发其英语学习的兴趣。

二、英语阅读教学的重要性

（一）阅读教学在英语教学大纲中占有重要地位

目前英语教学大纲对阅读教学做了明确的规定和说明：培养学生具有较强的阅读能力，使学生能以英语为工具，获取专业所需的信息。这是对英语阅读教学细化的规定和要求，体现出了大学英语对阅读教学的重视。通过这一要求可以看出，大学英语教学中比较重视学生阅读能力的培养，将阅读教学当成了培养学生阅读能力的重要手段。因此，要正确理解大学英语教学大纲，同时要认识到阅读教学在大学英语教学中的重要地位，全力推动大学英语阅读教学的开展，保证大学英语教学取得积极效果。

（二）阅读教学在英语教学目标中占有重要地位

根据大学英语教学大纲的要求，大学英语教学制定了具体英语教学目标，将阅读教学放在了重要位置，突出了阅读教学的重要作用，对阅读教学给予了更多的关注。在英语教学发展中，考虑到教学目标的现实需要，在重视阅读教学的同时，不仅要对阅读教学的重要地位有足够的认识，还要根据教学目标制定具体的阅读教学策略，保证阅读教学能够得到有效的开展。从目前的英语教学来看，正是教学目标中对阅读教学的地位有了足够的认识，才保证了阅读教学的顺利开展，同时提高了阅读教学的实效性，保证了阅读教学成为提高学生阅读能力和英语素质的重要手段。

（三）阅读教学在英语教学能力提升计划中占有重要地位

目前许多大学的英语教学根据英语教学大纲和英语教学目标，编制了详细的并具有可操作性的英语教学能力提升计划，将培养学生阅读能力和英语综合运用能力作为大学英语教学的重点任务。在这一过程中，阅读教学的重点地位得以凸显。从目前大学英语教学的开展情况来看，英语教学能力提升计划顺应了英语教学的发展潮流,把握了英语教学的原则,体现出了大学英语教学的重点,对阅读教学的重要地位予以认可,保证了阅读教学的顺利开展。所以,只有认识到了阅读教学的重要地位,才能保证阅读教学的顺利开展,才能保证大学英语教学能力提升计划取得成效。

(四)阅读教学在英语教学体系中占有重要地位

在大学英语现有的教学体系中,主要包含四方面的内容:听力教学、口语教学、阅读教学和写作教学。从大学英语考试的角度进行分析可知,这四方面的教学阅读教学占有的分值最高,对学生的英语能力要求也最高,在开展时的难度也很大。由此可见,在大学英语教学体系中,阅读教学具有重要地位。正是考虑到阅读教学在大学英语教学体系中的重要地位,应该在教学过程中,充分认识阅读教学的必要性和重要性,提升阅读教学的实效性,保证阅读教学能够得到全面有效的开展,从根本上提高大学英语阅读教学的最终效果。

第三节　文化因素对英语阅读教学的影响

一、文化因素致使英语阅读中出现跨文化障碍

(一)影响英语阅读的跨文化因素

1. 价值观不同

价值观是跨文化交际的核心所在,它决定着人们如何进行交际。不理解价值观方面的差异,就无法真正理解中西方文化的差异。英语阅读者在阅读时容易带着自己的价值观去理解文章,认为对方的价值观和自己的没有什么不同,这就会导致学习者在英语阅读时无法真正了解作者的真实思想,从而影响了英语阅读的效果。中西方文化的价值观差异主要体现在集体主义和个人主义的分歧上。

2. 思维模式不同

有些中国学生在做英语阅读练习题时会遇到这种情况:阅读者自认为读懂了文章,但选择文章主要思想时,却习惯性地到文章的最后一段去寻找答案,结果往往是不正确的,这便是思维模式不同引起的跨文化障碍。西方人通常先把自己的观点鲜明地摆出来,再进而用支撑材料来论证自己的观点,这可以称

之为演绎法模式；而中国人则是先把材料一点点讲出来，最后画龙点睛，提出自己的观点，这可以称之为归纳法模式。受到这种思维模式差异的影响，中国学习者在阅读文章时通常感到难以掌握文章的中心思想，有时甚至产生错误的联想。

3. 刻板印象

刻板印象是指对某些人或事过度简单、过度概括或夸张化的看法。刻板印象的特色有三：以人们最明显的特征加以归类，以一组特征包括全体与以同一种方法对待整群人。例如，亚洲人会认为美国人都很开放，都喜欢吃热狗，都不太照顾老年人；而美国人则认为亚洲人都很节俭，亚洲人的数理头脑都很了得，一提到中国功夫就会想到李小龙等。英语阅读材料涉及西方社会的方方面面，不仅仅提到西方文化的共性，也会具体到个体情况，如果学习者带着这种先入为主的刻板印象去阅读，就会曲解甚至误解文章主旨，不能拓宽思想，真正理解文章内涵。

(二) 英语阅读中跨文化障碍的体现

影响跨文化交际的因素包括语言行为、副语言行为以及非语言行为。由于英语阅读过程是学习者与作者之间通过文字材料进行的跨文化交际，缺少了交际的语境，因此，英语阅读中的跨文化障碍主要体现在语言行为上，即词汇、俗语和语篇层面。

1. 词汇

就语言要素与文化的关系来说，词汇是关系最密切且反映最直接的要素，语法次之，语音与文化的关系最不密切。有些词汇不仅具有通常的指示意义，还具有隐含意义，即承载着深层的民族文化内涵。例如，孔雀在中国文化中是吉祥的象征，孔雀开屏被认为是大吉大利的事情；但在英语中，peacock 则带有贬义色彩，寓意骄傲、自负、炫耀，这就不难理解电影《功夫熊猫》中为何孔雀是反面角色。如果不理解这种词汇上的文化差异，学习者在阅读英语文章时便会产生困扰，学生便很难理解 as proud as a peacock（像孔雀那样骄傲）之类的短语。

除了一般词汇所蕴含的文化差异外，英语阅读者遇到专有名词时也会产生困惑。由于受西方文学作品或历史政治事件所影响，英语中有不少的人名或地名都已经被赋予了深层的文化内涵意义。比如，Uncle Sam 是指"美国政府"，如果学生不了解相应的文化背景，在阅读时就会简单地认为 Uncle Sam 仅仅是一个名叫"山姆大叔"的人；再者，Watergate 是指政治丑闻；Waterloo 则被引申为惨败、决定性的失败；Romeo 和 Juliet 被认为是对爱情坚贞不渝的人的代名词等等。如果英语阅读者不了解英语国家的文化背景，则在阅读时无法准确地理解相关词汇的含义，从而影响英语阅读的效果。

2. 俗语

俗语是民间流传的通俗语句，人民大众根据本民族特有的地域文化或历史文化所创造出来的语句，包括俚语、谚语及口头常用的成语。在地道的英语文章中，俗语经常出现，如果不了解这些语句背后的文化，就会产生误解。[1]

汉语中有"说曹操，曹操就到"的说法，这种含义的表达方式在英语中则为"Speak of devil and devil doth appear"。曹操在中国历史上是一代"奸雄"，而devil在西方是"恶魔"之意，因而二者在表达方式上具有共通之处。不同之处在于前者的表达方式是受中国历史文化所影响，而后者则是受西方宗教文化所熏染。再如，汉语中"自助者天助"的英语表达方式是"God helps those who help themselves"[2]，这是由于中国人崇尚自然，认为天人合一，天是万能的，而西方人多信奉基督教，因而上帝是万能的，故而出现了这种表达方式。如若中国学习者缺乏英语国家的文化知识，在阅读英语文章时则无法准确理解这类俗语的含义，影响英语阅读学习的效果。

3. 语篇

学习者在阅读英语文章时不仅需要了解词汇俗语等要素的文化知识，还需要了解整个篇章结构和语篇所涉及的文化背景。中西方思维模式的不同会引起交际风格的不同，中国人是螺旋式思维，写文章时通常会采用归纳法，即先陈述事实材料，一步步靠近主题，在文章结尾再明确提出自己的观点；而西方人是直线式思维，写作时则会采用演绎法，即在文章一开头便明确摆出自己的观点，接下来的部分则是对论点的一一论证。这种不同的思维模式引起的篇章结构不同，会让中国学习者阅读文章时感到困惑，找不到作者的主要思想所在。

此外，缺乏对语篇所涉及的文化背景知识的了解，也会使阅读者感到迷茫。例如，在讲述西方人的婚礼时，会有"something old, something new, something borrowed, something blue"的习俗，意为新娘在结婚时需要准备四种服饰，旧的服饰象征着新娘与娘家的感情及与过去的生活之间的联系，新的服饰象征对新生活的美好展望，借来的服饰是指从一位婚姻幸福的亲友那里借来的，象征着他们的幸福会惠及新娘，而蓝色则代表着纯洁忠诚的爱情。如果学生不了解相关文化背景，在阅读涉及这方面的英语文章时就会产生障碍。

---

[1] 李路晓. 从跨文化交际视角分析英语阅读 [J]. 英语广场·学术研究，2013 (5).
[2] 苏丹. 英语阅读理解中跨文化交际引起的障碍浅析 [J]. 海外英语，2012 (3).

二、英语阅读教学中必须注重学生的跨文化意识

文化是人类在社会历史发展过程中所创造的物质和精神财富的总和。文化通常被划分为三个层面。第一层是指由人主观加工改造的物质文化；第二层包括政治经济制度、文艺作品、行为习惯、人际关系等；第三层是心理层面的观念文化，包括人的价值观、思维观念、审美方式、道德情操和民族宗教等。

文化参与英语阅读教学是指在阅读教学过程中，利用语篇分析理论和文化与语言的关系理论介绍相关国家的文化背景、生活习俗及思维方式，使学生逐渐在目的语国家的文化背景下，理解和体味作者的写作意图和真正目的。让文化参与到英语阅读教学中，要求教师在讲授语音、语法、词汇等基础语言知识的同时注重对语言使用过程中思维模式、价值观念等语言行为规范和特定的言语习惯等文化规则的讲解；提高学生的英语运用能力和跨文化交际能力，形成一定的文化意识及世界意识，目的是培养具有跨文化思想的人。

跨文化意识即不同民族、受不同文化影响的个人或团体之间的交流、交往。简而言之，就是指不同文化背景的人在交际过程中所具有的特定思维，或者说是民族文化思维，这种思维能够保证交际者准确交流。英语学习中应该涉及文化因素，也就是说，英语学习离不开跨文化意识的教育。英语阅读教育主要包括三个方面，即语言知识、跨文化知识和文章体裁的知识。相比之下，跨文化知识的掌握存在一定难度。这主要有两方面原因，一是不具备直接接触跨文化知识的学习环境，二是教材的阅读材料给读者提供的跨文化知识有限。因此，在英语阅读过程中跨文化意识的培养是非常有必要的。

阅读理解的准确程度与对阅读的文化背景信息的掌握程度成正比。阅读教学在整个英语教学中占有重要地位，是学生了解和习得外国语国家概况和风俗习惯及相关文化的重要途径之一，所以教师不仅仅要培养学生的理解能力和判断能力，更要对阅读教学的深层内涵进行挖掘，特别是要在阅读教学过程中进行文化知识的渗透和培养，激发他们对英语学习的兴趣，让学生树立正确的情感、态度、价值观，使文化真正参与到语言的教学中。

使文化参与到英语阅读教学中可以让学生更了解本土文化，在日后与外国友人交谈时方便介绍中国的文化习俗和风土人情，促进双方相互理解，促进国际文化交流，加深对本民族博大精深的文化背景的热爱之情和民族自豪感，有利于培养学生的爱国情怀和世界意识。让文化参与到英语阅读教学中，使学生更了解英语国家的文化背景知识、科技信息及礼仪规范，可以开阔学生的视野，拥有相应的跨文化知识，有助于对语言的传递信息，有助于更加顺畅得体地与人交流，有助于听说读写这四种技能的全面提高和发展。

第四节　跨文化交际下的英语阅读教学存在的问题与对策

一、跨文化交际下英语阅读教学存在的问题

当前的英语阅读教学片面强调对语言符号的符号性分析，忽视了文化教学，更忽视了英语阅读教学的跨文化交际立场。这种情况的出现有其理论根源。具体而言，它深受传统阅读理论中转换生成语法的影响。该理论认为，阅读必须从最小、最简单的语言单位开始，每个词、句子和段落本身有意义，独立地存于材料中，与读者没有直接关系，阅读中的不能理解部分是由于材料本身的一些语言问题，比如，一些不熟悉的词或不适当的语法规则或句子之间缺乏关联。总而言之，语言结构对阅读理解的影响而不是读者自己对理解文本的影响。现在使用的英语阅读教程，绝大多数课文和阅读材料选自英美原文。由于中西方文化的差异，政治体制、风俗习惯、传统、道德的不同，如果对英语国家的有关文化背景知识缺乏全面的了解，在阅读原版文章时就会受到影响。因为不管什么国家，语言都是进行思想文化交流的工具，一个国家文化的发展，有其渊源和背景。

在英语阅读教学课堂上，教师过分注重对阅读文本的符号性分析，并在此基础上进行机械似的拼合，忽视了学生内存的已有文化背景知识图式对阅读效果的影响。例如，短语 fullmoon，在西方文化中是与"恐怖"和"疯狂"的图式联系在一起的，而在东方文化中激活的则是"团圆"和"赏月"的图式。若是不了解英语的文化习惯，对该成语进行直译，则会偏离了其本义。实践证明，知识面窄，缺少相应的文化背景知识，是英语阅读理解的一大障碍，导致有些学生一看到自己所不熟悉的题材就有了先入为主的畏难心理。这种潜在的心理干扰了正常的思维活动，从而影响了学生自身能力的正常发挥。

二、跨文化交际下英语阅读教学的优化策略

（一）激发学生的阅读兴趣，拓宽阅读范围，重视文化教学

在英语阅读教学过程中，教师应当尽量创造时间和空间，提供正常的阅读环境和真实的阅读材料，所选的阅读材料要有一定的标准。因此，在进行阅读

选材之前,应尽可能地对学生的学习目的、学习期望、语言水平以及对文章的趣味性、难易度、信息量、文章类型等方面的要求情况有一个深入了解,做到有据可循、有的放矢。一般来说,所选阅读材料语言要求质朴生动,难易程度要与学生的实际情况相适应,这样才能增强学生阅读的信心与成就感,激发学生的阅读兴趣。同时选材范围要广,尽可能涉猎多种题材的文章材料,如名人轶事、科普常识、文化习俗、人物历史、新闻报道、广告说明等,不断扩大学生的知识面。教师应充分重视文化教学,使学生在阅读过程中能利用已储备的背景知识或已有图式对文章进行综合分析。以达到对篇章准确、全面深层次的理解,同时对阅读文章产生浓厚的兴趣,养成良好的阅读习惯,不拘泥于个别词句的理解,增强语感,使得英语文字在大脑里直接产生意义,如此才能提高阅读速度与理解的准确率。

(二)以学生为中心,保证阅读教学更具针对性

在英语阅读教学中,教师要充分做到以学生为中心,使学生能积极参与到阅读学习和训练之中。要保证学生在教学中能发现乐趣,对学习充满好奇心,从而积极思考;面对各种各样的文化现象,要有积极探究的欲望,这样就可以保证学生的跨文化交际能力得到提升。为学生创设逼真的交际场景,使学生能根据场景运用英语进行交流。教师可以根据典型的节日创设对话场景,使学生能通过扮演角色的方式熟练运用英语,还可以使学生更好地了解文化和相应风俗。要为学生提供内容丰富的阅读材料,积极利用互联网搜集资料,对资料进行整理和优化,使学生能及时欣赏和阅读,增长见识。要使学生能在开放的环境下学习,吸收更多的英语文化知识,真正爱上英语阅读。

(三)提高学生词汇量,使其了解相关文化背景

为提高阅读教学效果,就要保证学生能真正和理解课文。学生要有一定的词汇量,这是开展阅读教学的基本前提。如果学生词汇量不够,就不能充分了解阅读材料的内容,也无法提高其跨文化交际能力。由于同一个单词在不同语境中可能会有不同含义,因此可从语境出发,使学生掌握词语或词组的含义。比如,单词"leave"既有离开、离去的意思,又有留下的含义。在"He left for Beijing yesterday.""I left my book here yesterday."这两句话中,left 的含义不同,第一句话可以翻译成他昨天去北京了;第二句话可以翻译成昨天我把书忘在这里。

在英语阅读中,除了掌握单词意思之外,还要了解词语的文化内涵。比如,"Muse"是希腊神话中九位文艺和科学女神的通称,后来用来比喻文学、

创作的灵感。"swan song"的字面意思是天鹅之歌，还深指绝唱、最后的作品。这是因为天鹅在西方传说中有一种特殊的习惯，天鹅临死之前会唱出婉转的歌声，才会有后面的指代含义。许多词语、词组受到西方文化的影响，其指代含义往往比较深刻，如果不能掌握文化，就无法了解文章的中心思想。此外，在大学英语阅读教学中，教师还要保证学生真正认识英语文化，使学生可以在恰当的语境下合理交流。

（四）注重培养学生的自学能力

要想使学生对英语阅读中所需要包含的跨文化因素有一个更好的认识和学习，教师需要通过教学，让学生能够自己去寻找不同文化的特点，让学生能够主动感知不同文化，形成更强的自学能力。在实际英语阅读教学中，积极帮助和引导学生树立跨文化意识。为了培养学生跨文化意识，首先需要通过教学来提升学生英语阅读效果，其次也要通过教学来让学生获得更多的跨文化知识，实现对学生的跨文化交际能力的培养。与此同时，还要增强学生跨文化敏感性，只有这样，才能使学生在英语阅读过程中对跨文化现象有一个充分的感受，从而帮助学生更好地理解和掌握阅读内容。除此之外，为了能够让学生进一步通过阅读来获得更强的跨文化交际能力，那么在实际教学过程中要注重学生阅读思维的正确引导，避免中式阅读思维的出现。这样做既可以有效提升学生英语水平，同时还可以为跨文化交际活动的顺利开展奠定重要基础。

（五）进行相关的文化知识导入

教师在阅读教学中进行相关的文化知识导入时应遵循以下几个原则，即系统性、紧密性、实用性以及实践性。由于跨文化知识涵盖面广，内容繁多，而教师的课时又有限，因此，在阅读教学中导入文化知识时应制定一个系统的、全面的、循序渐进的教学计划，并结合学生的实际水平有选择性的、分阶段地进行教学。

1. 阅读前相关文化背景的介绍

相关文化背景知识包括社交礼仪、社会制度、历史地理、节假日、名胜古迹、宗教信仰等诸多方面，这就要求教师自身首先具备跨文化敏感性，且具备相关跨文化知识。在介绍文化背景时教师可以采用对比法，对比中西方文化的差异，帮助学生提前理解阅读材料，也可以采用多媒体手段，收集相关文化背景素材，以更直观的方式呈现给学习者，进而帮助学习者更好地完成阅读目标。

2. 阅读时词汇、俗语及语篇的文化导入

词汇方面的文化导入主要采用比较法，通过比较中西方词汇背后的文化内涵，帮助学生理解并记忆词汇。俗语方面的文化导入可以采用观看相关视频或讲故事的形式，使学生更加直观深刻地了解中西方俗语的文化差异。对于篇章结构上的文化差异，教师可以引导学生进行分组讨论，进而加深学生对于中西方思维模式及交际风格差异的理解。

3. 阅读后跨文化知识的巩固

阅读后教师可以让学生进行一些实践性的训练，以便巩固学生的跨文化知识，使学生能够熟练掌握并运用阅读所学的语言知识及跨文化知识。教师可以采取口头和书面两种形式。口头练习包括让学生角色扮演，在对文章的理解基础上，增加跨文化交际中的非语言行为，使学生更加深刻地理解文化差异并提高其跨文化交际能力；也可以通过口头复述的形式，让学生不仅掌握文章中的文化知识，更加锻炼了表达交际能力。教师还可以鼓励学生用所学文化知识造句、翻译或者写作，培养学生的创新能力和书面表达能力。

（六）优化阅读环节，引导学生感悟和思考

学生阅读一篇英语文章，往往能很容易地从表面获取信息，浅层次地了解内容。但如何从高层次欣赏文章，获取相关的文化信息，这需要教师的引导，而设置问题和回答问题是师生沟通的有效途径。设置问题可以由易到难，由浅到深，由表及里。能否很好帮助学生理解文章，就完全取决于这些问题的设置是否符合学生的能力，尤其能否激发学生的学习兴趣，激发学生去思考。在这一环节，作为教师要充分发挥好自身的主导作用，用思想去引领思想、用文化去浸润文化、用感悟去启迪感悟。同时，在注重培养学生文化意识的课堂中，更要体现"以人为本"。让学生在宽松、愉悦的气氛中，积极投入课堂活动，跟着教师解决问题，体验乐趣，收获感悟。日常的口语交际，尽管语言形式比较简单，但其中也存在很多的跨文化因素，对学生而言，真正的困难不是如何正确地发音或拼写，而是在实际中如何恰当地运用语言。在教学中，教师可结合教学内容让学生改编所学内容进行表演，使学生身临其境地感受英语文化，同时注意其中有意义的文化细节，提高对英语文化的敏感性和意识，这样才能使语言鲜活起来，使学生获得真正的交际能力，避免出现交际中的语用错误。

（七）与其他课程有机结合，提高学生的综合能力

在英语阅读教学中，教师不仅要保证学生能掌握大量的词汇，还要保证学生可以流利进行英语交流。要将跨文化交际能力的培养与其他教学活动有机结

合，合理进行阅读教学设计，使教学内容能以潜移默化的方式被学生所了解，同时还要保证课程安排合理，加强课后练习，使知识能得到进一步巩固。教师要将学生视为学习的主体，激发学生学习的积极性和主动性，能利用知识解决各种问题。要进一步提高学生的阅读量，将英语阅读与其他课程有机结合，比如，在阅读教学中可以融入口语训练和写作训练，使学生得到全方位的培养。当学生阅读时，还可以保证学生能运用所学知识进行对话，通过正确的写作方式表达所想所感。

第六章　基于跨文化交际的英语写作教学研究

随着国际交流的增多，语言和文化、语言能力和交际能力之间的关系逐步受到外语教育者的重视。英语写作是人们使用英语互通信息、交流思想的重要手段，在国际交流日益增多的今天，其地位尤为突出。但在目前的英语写作教学中，受到重视的仅仅是语言系统本身，即词汇、语法等，语言的内涵即文化方面得到的关注却很少。因此，从跨文化交际的角度出发，研究英语写作教学十分必要。

第一节　英语写作教学概述

一、英语写作教学的基础

写作是一项语言输出技能。在英语听、说、读、写等技能中，写作对学习者的要求最高。在外语写作的过程中，学生不仅必须掌握拼写、标点等写作基本知识并具有用外语遣词造句的能力，而且需要以外语思维方式创造性地合乎逻辑地表达思想，因此外语写作教学对教师的要求也很高。从写作本身的功能来看，写作是交际的需要，书面交际可以打破时空的限制，实现在作者和读者之间的交流。尽管现代科技极其发达，人们可以采用各种通信手段进行口语的交流活动，但是仍有大量的交际活动需要以书面的方式完成。另外，从英语学习者的角度看，写作在英语学习过程中也起着重要的作用。写作能力的提高可以促进听、说、读能力的提高。写作是一种语言实践活动，在培养学生交际能力的过程中，写作能起到承上启下的作用。写作不仅有助于巩固经由读和听输入的语言材料，促使语言知识的内在化提高语言运用的准确性，而且还能为实质性的口语能力打下扎实的基础。

（一）写作教学的重要性

在四种语言技能中，说和写都属于产出技能。而写作则是大学英语各门课中层次较高、地位比较重要的一门课。然而，许多学生认为只要会说英语，就能写英语。因而，对写作的兴趣远远不如对读、听、说的兴趣。教师在教学实践中，对写作的重视程度也比不上精读课文和听说训练。其实，英语写作从一个侧面体现了英语教学的本质。比如，写是一种经过学习的行为，是一种人造的方式。说则不是，说是自然的。一般情况下，说之于写，说注重说话时的环境，写则必须提供自己的环境，也就是上下文。对于写来说，读者不在场；而对于说，则有听众在场。通常情况下，写产生一种可视的文字产品；说则不然。也许正因为这一点，写比说更严格，更具有责任感。写要求作者在选词造句和联句成篇的过程中投入认真的思考，这无疑是一种积极的助学方式。

写的过程是将思想变成文字的过程。写作使我们看到人们在如何思维。如果一个学生写不清楚，可以说他是没有想清楚；如果他的文字组织得不好，那么可以说他的思维杂乱。写作水平可以说是衡量一个学生英语水平最重要最全面，或者说最权威的尺子。一个人的英语语法观念，他的语言思维能力，他的语言功底，以及英语语言文学修养和知识面，只要读读他用英语写的文章，我们就会有一个全面、准确地把握。

（二）汉英思维以及语言差异

当用英语写作时，许多学生理所当然地认为用汉语构思不影响其英语语篇。他们写不好英语作文主要就是因为自己的词汇量不足。他们没有充分认识到汉语和英语是两种不同的语言。它们相互之间有一些共性的东西，但更多的是差异。这些差异在两种语言的写作上更是突出。在句子结构上，英语重逻辑、重理性、重组织，也就是说，逻辑重于语法。英语的表现形式严格地受逻辑形式支配，句子组织严密，层次（主次）井然。因此，在句法上，英语的句子十句中有九句是按"S（主语）+V（谓语）"或"S（主语）+V（谓语）+O（宾语）"配列的。与英语相比，汉语的句子形式机制很弱。汉语的句子结构本身是流散的。主谓宾没有形式标定，主谓之间关系松散，宾语无定格、无定位。主语的起承接功能很弱。汉语的主体性思维方式强调主观感受和意念抒发，将理性功能和交流目的融于直觉，不注重逻辑形式，不执着于结构规范。

在语篇结构上，由于西方价值观念的差异，英汉语篇模式也存在差异。英语是现行思维方式主导下的线性语篇模式。通常是从抽象到具体，从一般到个别,并偏重事件发生的先后顺序。另外,英语对客观现象挖掘较充分,并以此组织设计段落情节。文章篇章的结构层次感和独立性较强。而且内容多围绕一条主线展开,即开头点题,先陈述段落的中心思想,而后分点说明展开题句,并为以后段落中增加其他意思做好准备;结尾则照应开头,概括全文。每一个段落又有一个中心议题(主题句,常置于句首,告诉读者这段落要讨论什么内容)。此外,英语篇章最重要的一环在于段落的展开必须根据主题句、主导思想和文章内容等来确定最恰当的写作手法,如用对照法、举例法、因果法、列举法等。采用何种手段既要考虑该段落的目的和作用,又要考虑其扩展方式和选取的细节,还要考虑细节材料的排列方式和顺序以便段落内各句之间彼此衔接连贯。与英语相比,汉语的语篇模式呈现的是螺旋形思维模式。其特点是汉语语段字斟句酌,较为严肃,而且常习惯通过多种对比方式来对中心思想做螺旋形的重复,倒叙、插叙较多。篇章结构上汉语讲究总体布局,开头、主体、结尾要求统一考虑,使之互相联系,互相制约。汉语开头种类较多,没有主题句。主体部分层次的调配,不同体裁的文章,安排层次的方式不同而不尽相同。

二、英语写作教学的具体意义分析

对传统的英语教学而言,写作教学在理论上的重要性毋庸置疑。近年来,随着社会经济、文化、教育等与英语教学密切相关的许多方面的发展,写作的地位开始发生变化。但作为交际的重要形式之一,写作对中国学生而言仍是十分重要的。究其原因,主要有以下几点:

(一)写作是唯一可行的英语语言生成练习方式

语言生成方式包括说和写两种方式。由于英语在中国是外语,在英语的实际应用中,说的机会相对较少。在英语教学中,大量的口语练习也缺乏环境和条件。中国人同中国人之间练习英语口语所产生的尴尬必然给说话者带来心理负担,进而影响英语口语练习的有效性和趣味性,结果导致中国英语学习者一般会回避与汉语人士进行英语口语练习,却对与英语人士进行英语会话趋之若鹜。然而,绝大多数中国英语学习者是没有这个条件的,在中国的英语人士毕竟有限,因此,英语写作就成了唯一可行的英语语言生成练习方式。

(二)写作练习方便、经济

写作是一项最为方便、最为经济的英语活动方式,一支笔、一张纸、一个人就可以开始。何时开始、何时停止、按什么速度和方式进行都可以由学习者自己自由决定,不受其他力量的干预和限制。正因为这一特点,写作活动便成为英语学习者普遍接受和运用的主要学习方式之一。

(三) 写作练习可提高学生的词汇和语法运用能力

写作应用的媒介是书面语,书面语要求表达清楚准确,结构优美正确。因此,进行写作训练自然会有助于学生恰当地把握词汇的意义和用法,更严格地掌握语法规则和句子结构。

(四) 写作练习可推动其他语言技能的提高

写作是一种语言生成技能,是一种内心的编码过程,这一过程与口语活动所必需的内心语言编码过程在本质上是一样的。因此,写作练习必然有助于口语能力的提高。同时因为写作有利于提高对词汇和语法的应用能力,而对词汇和语法的应用能力的提高,又必然会拉动其他语言技能和综合语言运用能力的提高。

(五) 写作是重要的交际手段

写作在教学中的地位还取决于它在听、说、读、写四种技能中的作用。要学好一门外语,这四种技能都是不可缺少的。而且是相辅相成的。我们难以设想,一个写作中错误百出的学生会在阅读和听说方面达到较高水准。英语学习成功的标准不仅仅在于学生记住了多少英语知识,而在于他们是否能用所学的语言创造性地进行口笔语表达,也就是说,他们应该不仅能认知,而且能内化他们学到的语言,并在此基础上进行分析综合判断、重建和再创造。外语教学的目的就是培养学生的语言交际能力,也就是要培养学生用目的语进行听、说、读、写的综合能力。以前人们在讨论交际能力时往往将重点放在口头表达方面,忽视书面语交际能力的研究。作为语言交际两大方式之一,书面交际能力应该受到相当程度的重视,这不仅因为现代社会生活对书面语交际能力有着更为迫切和现实的需要,而且还因为书面语交际在本质和方式上与口语交际有着很大的差异,它应该成为交际能力的重要部分而予以高度重视。

学习语言离不开写作,写作不仅能巩固已学的语言知识,也是一种重要的交际手段。写作是听、说、读、写四项交际技能之一。四项技能各有特点,各有任务,但又相互关联,相互促进和制约。学习一种语言,这四项技能缺一不可。写作可以增强学习者的语言习得,因为当学习者尝试用词、句子或者更大的语段进行写作、有效地交流自己的思想时,强化了他们在课堂所学的语法和词汇。写作能有效促进语言知识的内在化。包括写在内的语言产出性运用有助于学习者检验目的语句法结构和词语的使用,促进语言运用的自动化,有效达到语言习得的目的。当学习者用英文表达意思时，不得不主动地调用已学过的英语知识，斟酌语法规则的运用，琢磨词语的搭配，掂量词句使用的确切性和得体性。通过写作，英语知识不断得到巩固并内在化，为英语技能的全面发展铺路。然而，由于写作是一个迂回复杂、动态的过程，受到各种认知和社会因素的约束，学会写作不容易。用英语写作，其修辞环境更为复杂，涉及跨社会，跨文化因素的制约和影响，因而更难。

第二节 英语写作教学的现状分析

一、学生的写作学习现状

（一）思想认识方面

我国英语写作教学中还普遍存在教师既不愿意"教"、学生也不愿意"学"的问题。从学生角度看，由于写作涉及语言和内容两个方面，存在语言表达困难、缺少及时反馈等问题。而如果学生得不到及时、有针对性的反馈，便会进一步挫伤提高英语写作能力的积极性。

（二）重模仿、轻创作

重模仿、轻创作是我国英语写作的一大弊病。尽管模仿是写作教学的起始状态，也是写作学习的必经阶段，更对我国学生（尤其是初学英语写作的学生）学习写作起到了促进作用，但模仿并非写作的最终状态。它虽然能够提高学生写作学习的效率，但并不利于学生写作能力的持续提高。因为写作不仅是个体的一种个体的心智行为，更是一种创造的过程。从构思、行文到修改，写作过程始终体现着作者的个性特点与独立思考能力。写作过程中的意义和价值都是由学生创造而来的，一味地模仿必然会抑制学生的写作积极性与主动性，进而影响学生写作的动机和兴趣。

二、英语教师的写作教学现状

（一）写作教学系统性不足

（1）教学目标。任何一种技能的学习都不是一蹴而就的，其教学也不可能取得立竿见影的效果。因此，英语写作技能的培养也需要一个循序渐进的系统过程。这种循序渐进首先就要体现在教学目标的系统性上，这是实现英语写作教学目标的基本保证。

英语写作教学目标缺乏系统性是指总体目标（即针对学生的生理、心理特征，结合写作教学的自身规律，并在英语课程要求中明确规定的总体任务）与阶段性目标（即根据总体目标制定的一系列的阶段性目标）之间互不协调，总目标与子目标之间连贯和衔接的科学性严重缺失。造成这一现状的原因可能是显性目标与隐性目标系统不平衡，也可能是教师对写作教学目标与学生实际写作之间的关系认识模糊。无论是什么原因，这种总体目标与阶段性目标的不协调显然会影响写作教学目标的实现因此，学校、教师都必须克服这些不利因素，把握好英语写作教学总体目标和阶段性目标的关系。

英语写作教学目标之所以难以实现，一个主要的原因就是教师对英语写作教学目标与学生实际之间关系的认识不清。事实上，目标是教师和学生对学习结果的期待，是一个未实现的状态，因此教学目标与学生的实际之间必然存在一定的差距，适当的差距对学生写作能力的提高是有利的，而过大或过小的差距则不利于学生写作能力的提高。基于这点，英语写作教学可被视为帮助学生向目标逼近的过程。英语教师和学生可以借助目标与实际之间的距离，设定一些教学或学习步骤，并熟悉实现每一步骤目标的条件、困难和可能性。否则，一旦教师对写作教学的目标与学生实际之间的关系和意义认识不清，就会导致行动和反应上的迟缓，直接影响写作教与学的质量。

（2）教学方法。英语写作教学系统性不足还体现在教学方法上。所谓方法，就是一种对活动程序或准则的规定性，是一种能够指导人们按照一定的程式、规则展开行动的活动模式。系统性是英语写作教学方法的内在规定，是有效运用教学方法的重要基础。离开了系统，教学方法也就失去了意义和价值。这是因为，教学方法实际上是整个教学系统的一个子系统。它与教学目的、教学内容以及师生间的互动均联系密切：没有明确的教学目的，写作教学就会迷失方向；而脱离了教学内容，教学方法也就毫无意义；缺少了师生之间的互动性和双边性，教学方法也就没有了价值。因此，不同的教学目的、内容、师生关系应该对应不同的写作教学方法及其运作。在不同的内外条件下，写作教学方法的系统运作会呈现不同的水平和层次。因此，英语写作教学方法的运作必须根据教学系统中的各项组成部分来进行，否则就会造成种种矛盾和冲突，影响写作教学的效率。而对照我国英语写作教学中所使用的教学方法可以看出，这些方法大多是无效的、失败的，因为它们大多不系统、不连贯，缺乏针对性。

（3）写作指导。写作指导思想是否系统对写作教学质量的好坏影响极大。写作技能和写作能力虽然需要通过大量的练习来获得，但多练不等于泛练。如果写作练习缺乏目的性，即使花费很多时间也是无用的。另外，从遣词造句到段落和篇章的生成，从撰写记叙文到撰写议论文，从构思、行文到修改，整个写作是一个由浅入深的系统操作过程。因此，教师对学生的指导也应具有系统性。然而，我国的英语写作教学大多缺乏这样一种系统性。教师教的时候以及学生写的时候都没有一个明确的目标，更没有一个长远的规划，而是跟着教材随机地教与学写作方面的知识和技能，这就大大降低了写作教学的效果。

（二）重形式、轻过程和内容

长期以来，我国英语写作教学一直存在重形式、轻过程和内容的问题。导致这一问题产生的原因如下：

（1）欠缺英语思维。在英语写作教学中，教师往往强调学生要用英语思维来写作，避免使用中式英语。然而要做到这一点很难。毕竟对中国学生来说，英语是一种外语，汉语才是母语学生的汉语思维已经根深蒂固，要想使英语思维成为习惯是极为不易的。

另外，很多人认为，英语写作中侧重语言形式的作用是必然的。所以，在英语写作教学中，重视文句的规范性与文章结构，忽略文章的内容和思想的现象仍然大量存在。部分教师也将文章结构和语言形式看作写作教学的主要内容。而初学写作的学生更是将学会把握文章结构和形式视为写作学习的终极目标。这些最终都使写作的教与学流于形式，很难触及写作的核心。

（2）受历史传统影响。在早期的英语写作中，为了快速写出篇符合要求的英语文章，人们常常模仿类似文章的语言形式和结构来写作。久而久之，教师和学生都将形式当成了英语写作的重点，而忽视了写作的过程和内容，写作变成了一种模仿而非创造。

事实上，内容和过程对于写作来说也是很重要的。一篇好的文章应该具有丰富、深刻的内容，而这些内容仅仅靠对形式的模仿是无法实现的。语言的形式和文章的结构仅是作者表达思想和情感的一种手段。把握文章的结构和形式固然重要，但如果过分强调它们的作用显然并非好事。因为文章的思想和观点是写作和写作教学的根源，而文章结构和语言形式则是写作和写作教学的支流，根源得不到保证，支流显然就失去了存在的基础。因此，英语写作教学必须处理好源与流、本与末、主与次的关系，在注重写作形式教学的同时还要重视写作内容的教学以及对学生写作能力的培养。

(三)教与学相互颠倒

写作教学也并非一种知识性课程，学生的写作技能无法靠教师的讲解来获得，原因如下：①写作是一种实践性活动，涉及写作的技巧和能力。因此，写作教学应该以学生的实践和操练为主，以教师的知识传授为辅。②写作教学的目的在于提高学生的写作能力，因此写作应该是一种学生个体的活动，从构思、写作到修改，都应该体现学生的主动参与，教师过多的讲解只会耽误学生的写作时间，进而影响学生写作的积极性和主动性。

然而，我国英语写作教学一直存在教与学相互颠倒的现象，主要体现在以下两个方面：①写作教学中仍存在教师大量讲解理论知识的问题，使学生，尤其是初学写作的学生，很容易觉得写作枯燥、无用，产生厌倦、畏难等情绪，因而丧失写作的兴趣，最终影响英语写作教学目标的实现。②教师常以自己的写作经验为基础来指导学生写作，常对学生使用一些不恰当的话语指令或规则指导学生，剥夺了学生的话语权，限制了学生的独立思考，简化了学生写作过程中的心理体验，遏制了学生写作中的创造性，使他们产生盲从的心理。这显然颠倒了写作教学中的师生地位，而且也很容易使学生在写作过程中的构思、行文和情感体验上出现雷同现象，写作创造能力得不到真正的提高。

(四)批改方法缺乏有效性

作文批改的方式方法也是写作教学中存在的一个显著问题。很多教师在批改作文时，重点仍然放在纠正拼写、词汇以及语法等方面的错误上，而忽略了对学生在写作过程中的思维能力的培养，这使学生过分在意写作时的语言正误，而忽视了对文章结构、逻辑层次的把握。

另外，教师对学生作文的批语也同样重要。有的教师一味指责学生写作中的错误，而缺少鼓励，这会制约学生写作的主动性，导致他们消极应付、望而生畏，对自己写作中出现的错误不能很好地改正。

三、写作教学环境有待改善

(一)课程设置不合理

除英语专业以外，我国部分英语写作教学是被纳入英语整体教学之中的，而并未被独立出来。这就很容易因为课时有限而无法花费太多的时间来组织学生写作。久而久之，学生也会误以为写作学习不是重要的。如此一来，不仅写作教学本身得不到时间上的保障，学生也会产生轻视写作的思想。

(二) 缺乏相关的教材

目前我国的英语教材大多是集语音、词汇、语法、听、说、读、写、译于一体的综合性教材，关于"写"的专门教材相对较少。即使在英语整体教学中，虽然几乎每个单元都会涉及写作的练习，却并未形成一个科学的系统，同时也缺乏一定的指导学生的写作练习也多处于被动地位，这对写作学习而言是极为不利的。

(三) 教学改革滞后

随着英语教学改革的不断深入，英语教师对写作教学也有了一定的新认识。尽管如此，英语写作教学方面的改革仍然相对滞后。学生英语思维能力的多方位、多角度、发散性、创造性、广阔性和深刻性仍然没有得到足够的重视。除此以外，作为英语教学的一部分，写作应和阅读、口语、听力、翻译等方面的教学有机地联系起来，而在实际的英语教学过程中，教师并未真正把写作教学与其他方面的教学融合在一起，而是孤立地教授写作，不利于学生对英语学习的全面认识，也不利于学生对写作学习的深入了解。

第三节 英语写作教学的原则

一、重视评估原则

教师在英语写作教学中要注重遵循评估原则。学生的习作肯定会存在这样那样的问题，教师只有进行认真的评阅，才能使学生及时得到反馈信息以进一步修改习作，不断提高自己的写作能力。"英语写作教学过程中涉及的评估主要有两种，即结果评估和过程评估。"下面进行具体介绍。

1. 结果评估

对写作结果的评估也就是对学习成绩的评估。在传统的教学环境中，结果评估一般以"等级"的方式进行，即由教师在学生上交的每份作业中划分等级，学生的作业通常满篇都是教师的红笔。这种评价方式虽然可以在一定程度上帮助学生发现问题，但使学生对写作失去了信心，同时也增加了教师的负担。

研究表明，鼓励性的、有建设性的反馈，以及写作内容和写作过程的评估有助于学生写作水平的提高，也有助于培养学生对写作的兴趣和正确态度。教师应该认识到，表扬比纠错更重要，过分的纠错会伤害学生的自尊。比较提倡的做法是在学生几经修改或校稿以后，教师给予适当的反馈。教师在给出反馈时，应当以鼓励为主，并在必要时指出需要改进之处。

2. 过程评估

针对英语写作，过程评估要比结果评估较少；针对写作教学，过程评估则极其关键。通常在写作过程中实施过程评估。实施形式诸多，既能够通过教师评估，也能够通过教师基于评价示范形成学生互评的能力，即通过学生采用讨论的形式实施；抑或直接通过学生实施自评。教师在互评过程中，给予学生某些具有参考价值的问题，这些问题要发挥出关键性作用，决定互评能否成功。同时，学生在进行自评或互评的过程中，英语教师还可以给予诸如自我评价表等必要的评价工具，列出评价等级、评价标准以及评价指标等，从而在自评或互评中，学生能够以此作为依据，加强对自身评价能力的信心。

二、正确对待错误原则

语言的对错具有相当的武断性，在一种语言状态下的表述法是对的，在另一种语言表述状态下则是错的。比如，汉语里常用逗号连接有关联的两个句子而不用关联词，在英语中就一定要有关联词才正确。所以对待错误要谨慎，学生在写作过程中难免出现错误，这是很正常的。教师对待学生错误的态度会直接影响学生写作的兴趣与动机，正确的态度可以激发学生的写作动机，反之则会打击学生的积极性。因此，教师应该宽容对待学生写作中存在的错误，鼓励学生在写作中大胆使用新的词汇，这样可避免他们为了追求语言的准确性回避使用新的语言形式。当然，对于学生经常或集中出现的错误应当进行详细讲授，以免学生再犯错。

三、对比原则

外语习得与母语习得不同，一方面，由于它没有母语得时所具有的得天独厚的语言环境，不可能以自然的方式习得；另一方面，外语习得往往是在母语水平达到相当程度的条件下进行的，不可能不受母语的影响。同为语言，母语与外语既有相通相似之处，也有相异相斥之时，前文已从多维度进行了详细对比。通过比较，求同存异，遵循各自的表达规律系统研习，学习效果必然事半功倍。

就写作而言，中文（母语）写作是在中文口语技能已经相当发达的基础上进行的，写作教学的主要任务是将口头语言书面化、思维清晰化、逻辑严密化，使表达符合写作规范；英语（二语）写作却不同，写作者一般不具备完善的用英语进行解码和编码的能力，然而却具备了相当程度的中文写作能力，如果不系统地在语言的各个层面上加以区别比较，这种能力会自动、机械地迁移到英语写作过程中，从而产生中式英语。学生习作所犯错误中，大部分是由于汉语负向迁移所致。① 例如，汉语中的动词没有时态的概念，名词没有单复数的词形变化，这种汉语语言知识直接迁移到英语中就会造出"I go downtown yesterday.""John receive present from Mary two day ago."这类具有严重语法错误的句子。再如，有学生将"亚洲四小龙"写成"four Asian dragons"，事实上，英语中"dragon"一词，尽管其词典意义是中文的"龙"，但其文化内涵与中文中的"龙"却有很大差异。英语中的"dragon"常有"不祥""魔鬼""怪物""食人的动物"等文化意义，而汉语中的"龙"则有"神圣""吉祥""庄严""华贵""威力无比"之义，其文化意义几乎与英语中的"tiger"相当。因此，"亚洲四小龙"宜说成"four Asian tigers"。这类错误，教师如果不从英语语言与文化的各个侧面进行对比教学，学生是很难掌握个中道理的。

四、紧凑性原则

紧凑性是英语写作又一特色和原则，此原则的目的是提高文章的美感同时更有利于说明问题。这一原则主要体现在用词精准和短语的使用上较汉语而言，英语文章多采用使用同义或近义词的方法，倾向于用含义较准确、直接的细节词汇代替笼统词汇的使用。如用 extend 代替 make sth. longer 用 enable sb. to do 代替 make sb. able to do sth. 用 international 代替 bet ween different coutries 等。英文句型多样，在坚持允实性原则的前提下也要兼顾紧凑性，注意避免拖沓冗余，故英语文章中使用短语替代从句的现象较为普遍。例如，汉语中的"因为他生病了，所以我得在家照顾他"应该被译为"For his illness, I had to stay at home to take care of him."好一些，而非"Because he was ill, I had to stay at home to take care of him.""考完试后，同学们开始讨论"的地道英文表达应该是"The test being over, the students began their discussion"而"When the test was over, the students bagan their discussion."的表达方式似乎显得不那么紧凑、到位。

对比教学的目的并不是要把英语族人的文化价值观和语言使用习惯强加给二语学习者，而是使二语学习者能够意识到母语与英语在用词造句和语篇组织

---

① 卢小玲. 英语写作教学的实践［J］. 师道（教研），2015（7）.

方式上的文化差异，尽量了解英语族人的文化背景与修辞规约。提高和培养跨文化交际意识和语篇交际意识，了解不同文化的写作修辞特点及思维模式，充分认识语篇构建所涉及的诸多因素，其中包括读者对语篇修辞模式的期待，这样才有可能完成跨文化语言交际的目的。

五、系统原则

目前大学英语写作教学公认的最大的问题之一就是整个教学过程缺乏定的系统性，主要表现在以下几方面。

无系统的教材：迄今为止，大学英语写作教学，尤其是公共英语写作教学没有一套权威、专门而又系统的教材。公共英语写作的主要内容一般都是在精读教材中涉及，但由于安排在每单元的最后一部分，常常因为时间的关系而被忽视了。即使有时间讲解也大多是粗枝大叶，一带而过，学生走马观花，然后完成教师布置的作业了事，成品多是千篇一律、大同小异的"八股文"式的文章，效果与教材设计者的目标相距甚远。

无科学的教学计划：由于教材和大纲对写作的要求都比较抽象含糊，没有具体要求必须掌握什么，可选掌握什么，致使写作教学不得要领。一个写作教学计划至少要包括以下几点：（1）本学期学生需要完成几篇作文？（2）每篇作文需要多长时间完成？什么时候交？（3）几篇作为课堂"限时"作文，几篇课后做？（4）有关写作的哪些方面将在课堂上展示？（5）哪些语法和句子将在课上讲解？（6）在学期的不同阶段，以什么标准来衡量是否有进步？（7）需要阅读多少篇文章？（8）学生的期末成绩如何决定？

无具体的时间保障：受课时限制，写作往往得不到单独设课，而只是附带在综合英语（公共英语）或精读课中，结果读写课含混不清，有的甚至只读不写。因为没有教材和大纲的约束，写作教学就变成了一个随意的过程。常常有教师在课堂剩余一些时间时，便临时任意指定个题目，让学生写篇作文。而不是制订计划，系统地逐步训练学生的各项写作技巧，每节课的训练目标含混不清。

学生无系统的练习：要写出文字通顺、思想明确、逻辑性强、正确无误的好文章，靠考前死记硬背"十句式作文"式的"写作公式"是行不通的，而必须在大量感性材料积累的基础上，进行系统的练习掌握写作的基本方法和技巧，写起来才能得心应手，游刃有余。有的学校平时流于形式，四级考试即将来临时便集中传授学生一些所谓的范文或写作模板，学生将这些死记硬背后，考试时便像填履历表一样轻而易举地"填"出了所谓的"作文"。据称，这种"方法"很灵验，虽不能保证得高分，但只要能写出些单词来，绝对不会得低分。这种浅尝辄止、投机取巧的教学方法最不适用于英语写作教学,绝不能切实有效地锻炼学生的书面语言输出能力。

因此,系统地开出一定数量的写作课是有必要的,采用合理的教材系统地讲授并实践写作理论。即便由于条件的限制开不出单独的写作课,教研室或系部也要做出具体的要求和规定,或寓写于读,或读写交融,或写译结合。这样教师教学也就有纲可依,也就可以系统地将写作知识传授给学生。

为实现英语写作的教学目标,教学中必须遵循一些基本的教学原则。其中层进原则是基础,是英语写作教学得以正常进行的保障;对比原则是英语写作教学的特别要求,也是英语写作教学不同于中文写作教学的关键所在;兴趣原则是提高教学效果的有效手段,它在英语写作教学中有着不可忽视的地位;系统原则是目前我国大学英语写作教学的薄弱环节,必须在教学中予以加强。

第四节 文化负迁移对英语写作的影响及对策

一、文化负迁移及其对英语写作的影响

(一) 文化负迁移及其产生的原因

1. 文化负迁移的定义。不同的学科和领域、不同的学者对"迁移"有着不同的阐述和理解。朱贤智认为:迁移是指已经获得的知识、技能、学习方法或者学习态度对新知识、新技能习得和解决新问题所产生的影响。这种影响也许是积极的,也有可能是消极的,前者被称为"正迁移",后者被称作"负迁移"[1]。奥德林(Odlin)给"迁移"下的定义是:迁移是一种影响,来源于目的语和其他在先前获得的(也许是不完美的)任何语言之间的相似和不同[2]。迁移现象不仅仅只发生在语言系统内部,还出现在文化系统中,并且对第二语言的学习产生影响。文化迁移被定义为涉及诸如社会传统、思维模式、价值观等文化因素的迁移。本书中的文化负迁移指的是跨文化负迁移。

2. 文化负迁移产生的原因。外语学习中的负迁移现象非常普遍,首要的原因就是来自母语的干扰。母语是在学习者没有建立任何别的语言系统的条件

---

[1] 朱贤智. 心理学大词典 [M]. 北京:北京师范大学出版社,1989:484.
[2] Terence Odlin. Language Transfer [M]. Cambridge:Cambridge University Press, 1989:27.

下建立起来的第一语言系统；外语是在母语系统已经牢固建立的条件下建立起来的第二语言系统。当学习者的母语和外语在某些方面有差异时，学习者一般倾向于套用母语的形式，从记忆中找出母语特征的英语词汇和句式来构建篇章，负迁移现象就产生了。

其次，民族中心主义的影响。民族中心主义是一种认为自己文化优于他文化的信条。广义上指轻视其他群体的成员。中华文明源远流长，五千年的文化传统对社会和个人有着极大的影响，中国人的一言一行都深受其熏陶。因此，外语学习者在写作中往往受到民族中心主义的影响，将自己桎梏在其中，以本民族的价值观念看待和评判其他文化，从而在写作中发生文化负迁移。因此，即使写作中的语法错误很少，其语用和篇章组织也无不投射出文化负迁移的影响。

（二）文化负迁移对写作的影响

目前，在英语教学中，写作似乎只是作为提高和体现学生语言水平的一门课程。写作中所折射的文化积淀和社会传统被忽视。教师在教授语言知识时，往往忽略对中西方文化和英汉民族思维模式差异的传授。因此学生在进行英语写作时，难以摆脱母语文化的干扰，无法完整地表达语言承载的所有信息，不能写出符合西方文化及思维模式的文章。由于写作蕴含文化性和社会性，不同文化的读者对语篇有不同的理解和期待。如果外语学习者不了解这种期待，将母语的写作模式和规范迁移到目的语的写作中去，就会造成目的语文化读者的理解困难。以下是文化负迁移对外语写作各个层面的影响。

1. 文化负迁移对词汇的影响。语言体系中最能够反映一个民族丰富文化信息的部分是词汇，因此文化负迁移最容易表现在词汇上。

首先，从词汇的语义层面上来看，汉语和英语有完全不同的构词规律，很多词汇在目的语中没有在内涵和外延上完全对应的单词。以表示颜色的词为例，对于"黑眼睛"（dark eyes）、"黄色书籍"（blue books）、"红糖"（brown sugar）、"红茶"（black tea）、"红眼病"（pink eye）等词，中国学生容易将其翻译成"black eyes""yellow books""red sugar""red tea""red eye"；再如，学生很容易根据汉语习惯直接组成英语词汇，如"眼镜"（glasses）、"空姐"（stewardess）、"昂贵的价格"（high price），中国学生往往写成"eye mirror""sky girl/fly girl""expensive price"。

其次，从词汇的语用意义上来看，由于各个民族生活的社会环境和文化传统不同，会对人的思维模式产生不同的影响，继而反映到语言词汇的使用中。在英语写作中，由于学生对词语文化内涵的掌握欠缺而出现使用错误的情况屡有发生。例如,"玉"在中华文化中是高洁无瑕的象征,关于"玉"的成语比比皆是,如:"亭亭玉立""玉洁冰清""玉貌花容""软香温玉",等等。其中很多被用来形容女性的温婉美丽和纯洁。然而在美国文化中,特别是一些俚语中,"jade"有"行为轻佻的女性"之义。如果在英语写作中,将汉语中"玉"的"纯洁"之义转换为"jade"一词用来形容某位女性,不仅贻笑大方,更有可能造成误会。同理还有汉语"老"字的使用。在中华文化中,"老"为尊,生活中常称呼某人为"张老""李老"用以表达尊重。但如果将"old"直接写到英语中,就会令人产生困惑甚至反感。因为在英语文化中,"old"是比较避讳的说法。英语中有很多委婉语来替代"old",如"senior citizens""golden-ager",等等。再如,在传统文化中,"明月"代表思念之情,"悬心秋夜月,万里照关山""海上生明月,天涯共此时"及"但愿人长久,千里共婵娟"等诸多千古名句都是佐证。但是如果在英语写作中用"moonlight"去表述思念之情会令目的语读者费解。同样,"桃李满天下"如果表达为"peaches and plums are over the country"也不合适。因为在英语中,"明月"和思念之情没有联系,"桃李"也不作为教师教学成果的喻体。

2. 文化负迁移对句子的影响。著名翻译理论家尤金·A·奈达(Eugene A. Nida)曾说:就英语和汉语而言,也许在语言学上最重要的一个区别,就是形合和意合的对比[1]。英语属于印欧语系,是一种符号语言和主语突出的语言,强调形态上的工整,主要通过连接词的使用来实现句子之间的衔接和意义上的连贯,以形役文,呈现出形合,是封闭性的结构;汉语是主题突出的语言,句子间则缺乏必要的连接手段,句法结构开放,以意役文,表现为意合。汉语句法对英语写作的影响很大,并且很容易在写作上犯错误。

首先,汉语常常省略主语,在语篇中甚至出现一连串的无主句,但英语中除了祈使句,省略主语的情况很少。因此中国学生在英语写作时,容易写出"To overcome difficulties, have the confidence is essential",这样的句子。虽然其汉语原文"为了克服困难,拥有信心是很重要的"中可以没有主语,但根据英语表达习惯,该句应该使用形式主语"it",即"To overcome difficulties, it is essential to have the confidence"。再如"需要定期维护"这类句子不能直接写成"Need regular maintenance",而是可以利用英语中常见的"SVC"结构即"主系表"结构处理成"Regular maintenance is necessary",既简明又地道。

其次,在英语表达中,句子之间以显性的衔接来表达逻辑关系;但汉语受其意合特征的影响,表达结构较为松散,有很多分句、短句,篇章中也常出现

---

[1] Nida. Translating Meaning [M]. San Ditmas, CA: English Language institute, 1982: 16.

一逗到底的情况。例如：

Natural gas is very limited. It will be ex-haunted in the future. It is not true. It becomes a major concern around the world. This is a widely accepted fact.

上面的句子都是短句，结构松散，呈现出汉语流水句的特征。经过改写后，给句子添加必要的衔接词，成为一个长句，则逻辑上更为紧密。如：

It is a widely accepted fact that there is a major concern around the world for the exhaustion of limited natural gas in the future, though it is unlikely to be true.

汉语句子开放性的结构特征和汉语民族注重整体的思维模式使语言对语境较为依赖。而这些文化负迁移使中国学生在进行英语写作时往往缺少使用衔接词的意识，作文中短句多且句子间逻辑性不强。

3. 文化负迁移对语篇的影响。语篇是由句子有逻辑性地组合到一起构成的，书面语篇组织性则更加严密。受东西方文化差异影响，汉语语篇和英语语篇存在十分明显的差异。中国传统文化强调天人合一，世间万物皆有联系却又相生相克。反映到汉语写作中就是主题通常在外围展开，再层层深入到中心，手法委婉曲折，强调"文似看山不喜平"。英语民族受亚里士多德三段论的影响，注重写作的逻辑性和条理性。东方民族的思维模式以螺旋式为主，凡事围绕主题，以螺旋式展开，并带有明显的笼统性和模糊性；西方人则采用直线型分析性思维模式。即英语写作开门见山，直接切入主题，忌离题太远，让人不知所云。下面是两名中国学生以"Honesty"为题写的一段英文：

（1）People couldn't live well without virtues because virtues can make the world more beautiful. There are lots of virtues in the world. Different people have different opinions on the importance of each one.

（2）Honesty is one of the most valuable virtues. An honest person is trusted and respected usually. However, one who tells lies is regarded as a "liar", and is looked down upon by people.

例（1）只字没有提到文章主题"honesty"，却围绕"virtues"进行了详细的描写，读者看完后以为主题是"virtues"；例（2）则直接讨论主题"honesty"，让人一目了然，更加符合英语写作习惯。例（1）中的写作模式在中国学生的英语作文中非常普遍，这也是一种典型的受文化负迁移的影响。

汉语是一种以意役文的语言，写作重视整个篇章的结构和完整性，开篇是否切入主题并不重要。行文中间的段落划分受到情感支配，随意性大。主题比较晦涩，到篇章结尾进行归纳式的布局更加受到青睐。但这种写作在英语本族人看来主题不明确，逻辑性不强，可读性不高。

二、文化负迁移对英语写作影响的消解对策

目前，文化在英语写作中的作用已经得到了重视，但相应的文化教学还欠缺系统性，文化负迁移现象屡有发生。除了负迁移现象之外，文化中也有正迁移。如何在英文写作教学中采用一些消解策略以发挥文化正迁移的作用，是值得英语教育者探讨和研究的问题。下面是一些具体的对策。

（一）夯实学习者对本民族文化的理解基础

虽然在当前的英语写作教学中，文化概念的重要性正逐渐被广大英语教师所认同，但其对本民族文化的传播却重视不够。教师应认识到其是在汉语环境下进行教学，而且教学的目的是能够使两种文化进行和谐顺畅的交流。因此对本民族的文化不仅要做到理解，更要活学活用。

现代语言学研究表明，只有将母语和目的语进行比较，才能真正把握目的语的学习规律。在实际教学中，根据学习的不同阶段，教师可以将母语文化和目的语文化结合到一起展开教学。在学生入校之初以衔接教育为主，培养学生自主学习能力。课堂上采用交际法教学原则，让学生在丰富的课堂写作中理解和掌握母语文化的写作特点。之后可以逐步采用对比法写作教学模式，结合探测法、任务法引导学生发现英汉写作中的不同表达模式，提高学生对两种文化写作的洞察力、鉴赏力和实际写作能力。在进行目的语写作模式的教学时，可结合母语对比，找出两者之间的异同。另外对于一些牵涉到文化内涵的词语或成语，教师要进行必要的讲解，使学生清楚其在两种文化里所代表的意义是否相同，引导学生在写作时适当地运用。例如在说明"绿"（green）这个词在英语中的内涵时，教师可以结合汉语中的"红"来进行说明。红色在中国文化中代表喜庆、热情，但英语本族人往往将红色与流血、殉难联系到一起，而绿色是他们青睐的颜色。因此霍克斯（Hawks）将《红楼梦》中怡红公子译成"Green Boy"也就不难理解了。

（二）培养学习者的英语思维意识和跨文化适应能力

将文化意识渗透到英语写作教学中的关键是对学生英语思维模式的培养。学生的思维习惯是影响英语写作谋篇布局及构建句式的重要因素。英语思维意识的培养应该贯穿写作教学的始终，因此，可以通过夯实语言基础来提高学生英语思考的能力。例如，在写作前给学生展示一些题目相近的英语原版文章，将其中典型的英语句式和地道的表达提炼出来供其理解和消化，并请学生加以评论。在这个过程中，教师要起到良好的引导作用，引导学生围绕写作题目进

行思考，并限定其用英文来评论。另外，写作是一项语言输出技能，大量的语言输入十分必要。因此教师可以要求学生在课外进行英语原版文章的阅读，在扩充词汇量的同时也能够了解英语本族人特有的思维方式，熟悉英文行文的习惯和地道表达法。

跨文化语言教学并不是单纯地在课堂上教授另一种文化知识，也不仅仅是培养学生在另一种文化中举止得体的能力，而是强调对一种文化特有的历史、文学、艺术、习俗、观点、社团和成员的深刻理解和同情，包括对重大事件的社会分析、文化模拟等，培养学生获取理解文化特有性和普遍性的综合能力。外语学习和直接的文化交流不能自动带来文化理解，没有对文化进行研究分析和解释，学生也就没有进入目的语文化的框架来思考和理解目的语文化，他们增加的只是表面的一些文化信息，而依然按照自己固有的文化观念为标准去衡量目的语文化。因此，学生的跨文化适应能力的培养和提高十分重要。在实际写作教学中，教师应该鼓励学生尽可能地探究本民族文化和英语文化的异同，培养学生对本民族文化的尊重和对英语文化的认同，摒弃民族中心主义，建立民族相对主义的理念，深度感受和体会语言表层和内涵之间的关系。从熟练掌握英语的语法和词汇开始，逐渐培养和提高学生跨文化适应能力，从而使自觉的跨文化意识发展到内化自动的文化敏感性。

第五节　跨文化交际下的英语写作教学的策略

一、转变教学理念

高校外语教师肩负着培养外语人才的任务。这要求外语教师的教学理念要适应外语教育的发展，即在现阶段将传统的"填鸭式"教学理念向跨文化教学理念转变，认识到外语专业学生跨文化能力培养的重要性和必要性。英语写作课堂的教学目标之一是最终帮助学生完成目标语言的输出，既要有流畅度，也要有文化性。因此，词汇、语法、句式等语言基础知识的积累和写作技能技巧的训练能帮助学生实现目标语言输出的流畅度，但是无法满足文化性的要求，限制了中国学生在国际学术交流活动中的表现。英语写作课堂要根据学生的实际情况，尊重学生，积极引导，调动学生学习跨文化知识的积极性。同时在教学大纲的设计上也要做出相应的调整，要体现语言的社会功能，这也是培养现代外语人才文化素养的需求。

二、培养人文素养、文化意识和文化知识

(一) 人文素养

现阶段我国外语教育的弊端之一是缺乏人文素养知识的渗透。英语写作课是外语专业的基础课程，开设对象为大学一、二年级的学生，主要教学任务是介绍基础写作的各种类型及相应的写作原则，同时会通过完成大量写作任务的方法训练学生的写作技能，让学生熟悉英语基础写作。这样的英语写作课堂，语言技能培养是首位的，缺乏文化知识、人文知识的渗透和讲解，导致学生的大部分习作空有语言而缺乏文化性和逻辑性，很难适应国际学术交流活动和国际文化活动。越来越多的国际交流活动依赖的是交流双方或者多方思想层面的理解和认同。

基于以上，将人文素养的培养和提升融入英语写作课堂中，需要任课教师对自己的课程做出相应调整。传统课堂 45 分钟的授课时长并不能同时满足语言技能提升和人文素养培养这两个目标，可以通过利用网络资源、学习平台和课余时间等方式来弥补。英语写作教师给学生提供优质的人文知识阅读资料和阅读资源，鼓励学生利用个人时间做文学阅读，让学生在阅读的过程中完成相应的阅读和写作任务；同时，文学阅读的过程也是学生提升自身人文素养必不可少的过程。在阅读和写作的过程中，学生应先学会做"聆听者"，这对学生了解多元世界文化，培养学生的跨文化态度大有帮助。

(二) 文化意识和文化知识

文化传递具有双向性的特征，文化意识的培养也应该具有双向性。在培养学生的文化输入意识的同时，也要培养学生的文化输出意识。以实现文化的双向交流。国际学术活动、交流活动的频繁为展示世界文化提供了很好的平台，因此，如何用英语传达、传播中国文化也是现阶段外语教育的主要任务之一。文化意识的培养更容易让学生在各种国际交流活动中追求平等，能够帮助学生形成国际化视角，继而实现跨文化交流的目的。

大多数的外语教师会在外语课堂上向学生介绍和目标语言相关的具体文化知识，比如目标学习语言是英语，英语教师会向学生介绍英、美国家的国庆日，各种节日（感恩节、复活节、万圣节、圣诞节等），风俗习惯等等，但结果是大多数学生对英语国家的文化了解仅局限于此，这限制了语言学习者对目标语言的运用。因此，要把具体的文化知识和一般文化知识相结合，给学生提供一个相对完整的文化观念和文化意识，这才能帮助学生在多元文化背景下的

交流活动中实现自由交流。

基于跨文化能力为培养目标的英语写作教学，要求写作教师们从语言材料的材料选取、阅读、理解、分析、输出等多个环节进行文化知识的渗透。英语写作的过程不仅仅是语言输出的过程，还代表了文化知识输出的结果。学生在写作过程中，认真研读多种文化背景的阅读材料、写作材料，学会区分具体文化知识和一般文化知识，并思考如何将两种文化知识相结合，继而了解文化的真正内涵。还要引导学生完成文化知识的迁移，即使面对相同或相似的文化，也要有判断出其中的差别的能力。比如，同样是美国文化，在北美及加拿大地区其文化体现却不尽相同。同是亚洲文化，在中国、日本和韩国的体现也是各有特色的。如果学生具备了文化知识，那么在做英文写作的同时，也能够实现跨文化能力的培养。

三、设计跨文化英语写作教学

英语写作教学在很长一段时间内都是以相关写作理论讲解为主，配合一定量的写作练习，完成语言技能学习的目标。这样的课堂教学在一定程度上和现实中学生会遇到的实际写作情况脱节，即使完成了课堂教学内容，在面对新题材、新环境、新素材时，一部分学生深感写作毫无头绪，也有一部分学生，虽然可以按要求完成写作任务，却无法实现跨文化交流要求的文化性。

对于上述现象，基于跨文化能力培养的英语写作教学，是培养和提升学生英语写作能力切实可行的教学方式。在教学活动的设计上，教师也应该尽量服务于跨文化能力培养的教学目标，可以从以下几方面着手。

（一）有目的性的教学干预

在给学生布置了相关的阅读或写作任务后，不能放任学生不管，要设置相应难度的问题环节，在思维上引导学生主动思考。

（二）多样化的英语写作教学内容

除了语言知识、语言技巧等教学内容，英语使用国家历史发展、风土人情、地域特色等方面的内容作为文化意识培养的部分，融入已有的写作课堂中，同时中国传统文化、人文特色等内容也要融入其中，使学生能够真正体会到什么是跨文化以及文化传递的双向性；英文著作阅读作为培养人文素养的主要活动，应该定期举行，实现培养学生人文素养的目的。

(三) 创设跨文化写作语境

影视欣赏、角色扮演等教学活动都是很好的体现跨文化能力的教学手段，模拟真实的跨文化语境是浸入式学习的一种，学生能够更好地体验跨文化交流。跨文化能力的培养是一个长期的过程，课堂教学实践只是其中一部分，如果能走出课堂，融入课外实践活动可以做到事半功倍。

第七章　基于跨文化交际的英语翻译教学研究

随着全球经济一体化进程的日益加快，世界各国之间的交往也随之密切。经济、文化的全球化趋势催生了跨文化交际的出现，使各个民族的文化交流空前频繁。受这一趋势的影响，当前我国英语教学中的一个重要目标就是培养学生的跨文化交际能力。而在跨文化交际过程中，英汉民族的文化差异现象是重点关注的内容；翻译作为跨文化交际过程中的重要媒介，在教学过程中同样不可忽视英汉文化差异这一重要内容。本章首先阐述了英语翻译教学的基础知识，其次分析了英语翻译教学的现状，其次分析了英语翻译教学中的文化因素，最后结合跨文化交际背景简要探讨了英语翻译教学的策略。

第一节　英语翻译教学概述

一、翻译教学的实质

翻译教学是一门与翻译学关系密切、相互依存的科学，构建完整的翻译教学体系，是翻译学作为一门独立学科存在的重要标志之一。翻译因为需要涉及诸多学科，综合考察翻译者的各项百科常识，所以翻译学可以称得上是一门非常繁杂的学科，它必须将其他学科都尽量涵盖其中，诸如美学、心理学、哲学等，甚至是非语言的知识，都是需要掌握的。翻译是一个非常复杂的思维过程，在翻译的过程中学生需要反映出源语言所表示的语言和非语言内容，然后运用学到的翻译知识加上自身对于各学科基础知识的积累，准确传递语言信息。当然在这个过程中要把握好目的语所在的语言体系所使用的语言组织架构进行翻译。对于在翻译过程中可以使用帮助解决翻译问题的方法是我们在翻译实践过程中重要的方法论，可以作为翻译教学的工具，帮助教师和学生少走一些不必要的弯路。但是其实在翻译教学中，最重要的还是培养学生语言转化的思维能力，不断让学生进行两种语言之间思维转化的练习。思维能力的提高，可以帮助学生在进行翻译实践时，能够在运用相关方法和技巧的时候更加顺畅，提高实战能力。

人们常常会将翻译教学的实质与教学翻译的实质相混淆，对于二者的认识长期含混不清。许多人在谈"翻译教学"的文章中，谈"利用翻译进行外语教学，用翻译来检查学生对外语的理解程度和对语法规则的掌握，这实际是外语教学法流派中的翻译法而非我们所要讨论的翻译教学"[1]。尽管翻译教学与教学翻译虽然名称相似，也都与教学和翻译相关，但实际却是两个截然不同的基本概念。在研究翻译教学时简单地将其与教学翻译画上等号，是对学问不负责任的态度。不了解二者的差别，不仅不能推动理论研究的进步，反而使读者产生更多的误解。所以，搞清楚翻译教学与教学翻译的多方面差别十分重要，概念清楚会使研究者对翻译教学的研究走向有一个更加准确的把握。

许钧、穆雷认为[2]，首先，从二者的学科定位方面来看，翻译教学是翻译学领域中应用翻译学下的翻译教学学科，它的要求是专业性的，对译文要求较高；而教学翻译则是语言学领域里应用语言学下的外语教学学科，指语言教学中的中外互译，因为对翻译水平要求不高，只要是不进行专业翻译课的翻译，对于其他的外语教学都可以运用。前者的中心是把翻译作为一门专业来教；后者的中心是广义上的外语教学，这种教学就是为了对某种语言进行深入的了解、学习进而运用。其次，两门学科的培养目标不同。翻译教学的目的是培养具有专业的翻译素养、经验丰富的翻译人才，也就是不仅对于两种语言，即目的语和母语的语言系统能够熟练掌握运用自如，而且与此同时还深谙两种语言的文化，对于各学科知识能够全面掌握的职业化翻译工作者；而教学翻译的培养目标是将学习者培养成为掌握外语语言结构和丰富的语言知识的语言应用者或理论研究者。再次，翻译教学的教学目的是使学习者打下扎实的双语基本功，深入了解本国和异国文化，掌握双语转换的技巧，熟悉其他学科的基本知识，并且了解翻译工作者的道德职业准则和规范。教学重点不仅放在外语的学习提高上，还特别注重母语的巩固，以及两国文化常识以及相关学科知识的了解。相对来说，教学翻译更注重的是传授外语知识，重点放在了解外语的语言结构以及提高外国语的应用能力上，而不那么强调母语的水平和其他学科之间的联系。它虽然也注重两国文化的差异，但主要是用于跨文化交际方面，而不是强调其对翻译的影响。最后，翻译教学注重口笔译翻译的实践操作能力，致

---

[1] 董晓波. 翻译概论 [M]. 北京：对外经济贸易大学出版社，2012：230.
[2] 许钧，穆雷. 翻译学概论 [M]. 南京：译林出版社，2009：36.

力于满足市场和客户的要求；而教学翻译注重的是外语语言技能的训练。从二者区别来看，二者的学科定位、培养目标、教学重点等方面都有所不同、各有侧重，但并无高低优劣之分，如果可以发挥各自的特点，深化区别性研究，都会在各自的领域取得更好的成绩。另外，在选择翻译教材进行教学的时候，有必要将翻译教学和与它意思完全不同的教学翻译进行区分，并且根据不同的教学对象和目的匹配不同的教材。

二、英语翻译教学的理念

（一）以翻译理论为主导

翻译理论主要用于对实践进行指导，因此翻译教学需要以翻译理论为先导。就当前翻译理论来说，理论众多且复杂，且很多理论都源于宗教和文学，因此将不同学派的翻译理论融合起来就会让人感到乏味，这样的理论本身就缺乏实用性价值。根据有关数据，大部分的翻译理论仅适用于文学翻译，但文学翻译工作占据翻译工作的比重仅为4%，理论层面占据翻译工作的比重超过90%的实用翻译却很少涉及。[1] 可见，翻译理论与实践并不协调，而且也可以看出理论与实践并不相符。

相比较而言，翻译功能目的论的实用性较强。翻译功能目的论认为，译本的预期目的、功能对翻译过程起决定作用，而不是作者赋予的原有目的与功能。一般情况下，实用文体翻译都具有一定的现实目的，甚至具有功利目的。这种目的可能受多种因素的影响，如翻译委托人、文化背景、译本接受者等。目的与功能是实用文体翻译的重要依据，也是功能目的论的核心，就这一角度来看，理论与实践能够很好地结合起来。

事实上，学校翻译课开设的主要目的在于让学生将理论运用于具体的实践之中，通过这些实践活动，可以发现学生学习翻译的目的，即是为了应对考试，还是为了毕业后找工作。可见，以翻译功能目的论为先导，对学生翻译课程进行指导，必定会调动学生的积极性和自主性。

（二）以语言对比为基础

翻译教学的基础在于对英汉语言进行对比，这一点从英语学习过程中就可以体会到。在英语学习的初级阶段，学生应该知道如果与英语环境脱离，他们常常会本能地说汉语。但是，如果他们积累了一定的词汇量，则会将英语不自

---

[1] 何少庆. 英语教学策略理论与实践应用 [M]. 杭州：浙江大学出版社，2010：170.

觉地说出来。在这一过程中，必然会对英汉语言进行对比分析。一般来说，语言对比包含如下两点。

1. 同中有异

对于同中有异的分析，这里主要从英汉语言中的介词进行论证。在英汉语言中，介词是比较常见的，有时二者的用法相同。但是，汉语中的介词大多由动词变化而来，这就导致目前很多介词无法判定为介词还是动词。而英语词汇中的介词与动词并没有此类含义。英汉介词在这一层面的差异就导致译者在翻译英语中的介词时，往往需要借助汉语的动词来展开翻译。

2. 各有不同

各有不同的对比有很多层面，如词序、句子衔接、重心位置等。

英汉语言中的同中有异、各有不同的对比，能够让学生克服母语对翻译的干扰，从而更有助于译者对源语的理解和表达。

（三）以翻译技巧为主干

在翻译教学中，翻译技巧是主干。这是因为，以翻译理论为先导、以语言对比为基础，只能帮助译者从科学的角度理解翻译而要真正地开展翻译实践，必然需要翻译技巧的参与。翻译教学的主要内容在于将先人的宝贵翻译经验传授给他们，这些经验不仅仅包含对源语的理解，对目的语的表达，还包含翻译技巧与方法。

（四）以综合分析为手段

在翻译过程中可以发现，很多句子的翻译方法不止一种。但是，对人们运用多种翻译方法翻译出来的译文对比发现，只有两个比较恰当，因此需要在翻译时采用综合分析的手段，选出最佳的译文。

采用综合分析的翻译手段要求译者从总体以及系统要素出发，做到连点成线、集线成面、集面成体，采用静态与动态分析法对其进行观察分析，透过现象发现其本质或本来面目。

三、英语翻译教学的原则

（一）翻译能力与翻译批评能力培养相结合原则

教师在培养学生翻译能力的同时，还要注意提高学生的翻译批评能力。批评能力是指对别人的译作进行客观的评价，既要点评优点，也要批评缺点，还可以对错误的地方进行修正。这样做有利于学习他人的长处，并反思自己的错误，避免以后再犯。因为学生能够对别人的译作进行翻译批评时，也就能对自己译作的优劣心知肚明了。

（二）翻译速度与翻译质量相结合原则

翻译教学的目的在于培养学生的翻译能力，既包括技巧的掌握译文质量的保证，还包括较快的翻译速度。在实际的翻译活动中，常常会有催稿、急稿的情况发生，如果翻译速度太慢，可能会完不成翻译任务。因此，在翻译教学过程中，教师要经常提醒学生有意识提高学生的翻译速度。例如，教师在教学过程中可以经常做课堂限时练习，如英译汉练习的量可以先从每小时200个左右的英文单词开始，以后逐渐增加到每小时250～300个英文单词甚至更多。此外，对于课后练习也可以让学生尽量在规定的时间内完成。

（三）注重实践原则

翻译教学离不开实践。要想达到掌握技能的目的，教师就必须要求学生进行一定量的练习，每周至少要练习翻译一篇文章，让学生在练习中去感受、思考，想办法解决问题，从教师的讲评中把这些感性的经验和自己思考的结果上升到理论。通过不断的实践、思考和总结，学生分析问题和解决问题的能力才会不断提高，翻译能力和水平也会不断提高。因此，翻译教学的重点就是对学生翻译过程的关注，帮助、训练和鼓励他们解决理解、表达和审校过程中遇到的具体问题。只有这样，才能让学生今后在走上工作岗位后能不断学习和探索、独立解决翻译实际中的问题，这样培养出来的学生才会有学习能力和创造能力。

四、英语翻译教学的意义

（一）有利于增加学生的文化背景知识

翻译不仅是两种语言的转换，如果要想译出高质量的文章就必须结合具体的文化知识。因此，在翻译教学中，教师除了教授单纯的翻译知识外，还需要融入文化的内容，既要讲授外国文化，还需要将外国文化与中国文化进行对比，通过对比让学生了解两种语言的差异。因此，翻译教学有助于提升学生的文化背景知识。

（二）有利于提高学生的英汉语言修养

在翻译教学中，不仅需要确保译文完整、准确地对源语的意义进行再现，还需要保证译文与源语的风格、修辞手法等的一致性。因此，这就需要不断提升学生的英汉语言修养。

在不同的文体中，需要保证不同文体语言的特色。例如，对于科普类文章的翻译，译文应该简练，避免晦涩、难懂，给读者以目了然的感觉。

学生在学习翻译的过程中，往往会经过多重翻译实践和训练，这对于提升他们自身的英汉语言修养而言大有裨益。

(三) 有利于满足社会对翻译人才的需求

时代不同，社会对英语人才的需求也不同，因此对英语教学的要求也必然存在差异。近些年，随着经济全球化的推进以及文化多元化的影响，国与国之间的交往日益频繁，翻译在跨文化交际中的作用日益突出。翻译是否准确、流利，对于国际交流与合作能否顺利进行有着重要意义。因此，21世纪的社会对于高素质翻译人才的需求是十分迫切的。

因此，在英语教学中开展翻译教学不仅与社会发展的需求相适应，还有助于满足社会对翻译人才的要求。

(四) 有利于提高学生的综合语言能力

英语教学包括听、说、读、写、译五项技能。作为其中技能之的翻译，由于翻译教学涉及两种语言间的转换，在这一过程中，学生会不自觉地运用到之前学到的知识进行笔译或口译。在笔译中，通过从原文的语音、语法、表层含义以及深层含义进行分析，有利于巩固学生的语言、语法、词汇、语义等方面的知识学习。在口译中，通过与对方进行交际，在分析原文信息的前提下将译文表述出来，这就锻炼了学生的听力能力、口语能力和翻译能力。总体来说，翻译教学有利于巩固和加强学生的综合语言能力。

第二节 英语翻译教学的现状分析

一、从教师层面而言

(一) 对翻译教学重视不够

长期以来，我国英语翻译教学都处于教学的边缘，造成这现象的根本原因是师生在思想上对其重视不够。具体来说，主要体现在以下几个方面。

（1）随着教学改革的推进，很多高校都对英语教学更加重视，增加了教学课时。但是，具体到翻译教学，很多高校并没有像英语视听、读写课程一样专门进行课程设置，而是通过选修课的方式进行，部分高校甚至直接将翻译教学穿插在英语阅读或写作课堂上进行。这不仅严重压缩了翻译教学的课时，而且导致翻译教学缺乏系统性和整体性，直接阻碍了翻译教学效果的提升。

（2）由于缺乏系统性和完整理论的支持，翻译教学至今没有形成系统完善的教学方法，从而在教学过程中形成"各成一家"的局面。同时，很多教师和学生对翻译教学的重要性和目标都不甚清楚，因此翻译教学常常流于形式。

（3）受传统教学思想的影响，很多英语翻译教师将重心放在基础语法知识的教学上，常常忽略翻译基本理论、翻译技巧的传授，而仅仅是将翻译作为理解和巩固语言知识的手段，将翻译课上成另一种形式的语法、词汇课。

（4）学生做完翻译练习后，教师大多只是对对答案，对翻译材料中重现的课文关键词和句型等进行简单的强调，缺乏对学生进行系统的翻译训练。

（5）翻译教学通常是在大学阶段进行，而学生此时对英语学习的热情往往没有中学阶段那样高涨，因此缺乏对翻译的兴趣此外，很多学生为了应付英语考试或者基于课程选修学分考虑并没有将精力真正放在翻译学习上，而是仅仅停留在表面，因此其翻译能力难以有效提高。

（二）教学方法单一

受制于传统教学思想，我国英语翻译教学主要突出教师在教学过程中的中心地位，而弱化了学生的参与程度。教师往往进行知识的单向传授，学生只是被动地接受。很多教师采用"布置翻译练习—批改学生的译文—讲评译文"的步骤开展翻译教学，这个步骤中有两个步骤都是由教师完成的。这种"满堂灌"的教学形式没能给学生留下太多的自主思考和合作探索的时间，不仅无法激发学生学习翻译的热情，更无法提高翻译教学效果。此外，单一的教学方式还容易使教师缺乏对学生个体的关注。因为每个学生都有其个性，在接受能力、认知能力等方面都存在差异，而教师"一刀切"的教学方法显然不利于学生个体的发展。

（三）测试手段不足

由于对翻译教学的重视不够以及教学方法单一，对学生学习效果的测试手段也明显不足。首先，传统的教学对学生的考查集中在结果上，而对于学生的学习过程缺乏相应的评价措施和指标，教学评价很单一。其次，翻译教学效果的提升有赖于多元化教学评价的实施。但是从实际情况来看，翻译教学更多局限于教师对学生的单项评价，这就不利于翻译教学问题的发现和及时解决。最后，四、六级考试是我国考核大学生英语学习效果的主要方式，尽管其在1995年后设置了一部分翻译测试题型，但是关于翻译的题量并不大，题型也过于单一，并且翻译部分在整张试卷中所占分值偏低。

（四）许多英语教师未能达到翻译教学的专业要求

国内英语四、六级考试中，翻译题的分值比例明显很小，且与其他语法、词汇掌握的考察相比，明显比重偏小，这也导致了国内英语课程设置方面未能将翻译放到足够重视的位置。由于一直未能真正重视英语翻译，高校许多英语教师的实践能力、翻译理论素养及翻译教学水平也明显不能满足新时期英语翻译教学的需求。除此之外，国内高校近年来一直忙于扩招，使得高校学生不断增加，高校教师更多的是忙于授课，根本无暇顾及自身翻译水平能力的提升，也无暇顾及对英语教学方式的改革和优化。尤其是随着语法翻译教学被替代，以及交际教学地位的不断提升，英语课程的讲解更趋向于对学生阅读理解和听说能力的培养，更加压缩了英语翻译的教学生存空间。再加上课堂时间有限，教师对翻译的讲解往往仅限于课后几个可以拿来支撑场面的翻译练习题。对翻译的讲解往往只是一笔带过或是照本宣科，通常是浅尝辄止、稍作发挥，使得英语翻译教学形成一种可有可无的尴尬局面。

二、从学生层面而言

（一）学生翻译心态不够端正

心态不正是学生翻译学习中负面影响最大的关键因素。有的学生对待翻译学习积极认真，主动思索、研究，发现自己的不足以后能够积极改正，然而有的学生拿到翻译练习并不积极思考，而是直接翻看答案，或者是大致地翻译后便去对答案，并且对自己的问题视而不见，或者在改正错误时敷衍了事，从而造成翻译能力停滞不前，无法提升。还有部分学生遇到困难就放大困难，逐渐对翻译产生畏惧，这也同样不利于翻译能力的提升。以上两类学生的心理和情绪都不利于翻译知识的学习和翻译能力的提高。

（二）学生文化知识储备不足

我国很多学生对英语文化知识的了解甚少，这也是造成他们在英语翻译中产生误译的主要原因。

调查发现，现阶段各个学校在英语翻译的教学中通常都很少会触及与英语相关的文化知识，使得学生对西方民族文化的习惯、信仰以及价值观等方面背景知识文化不甚了解。[①] 同时，学生在英语翻译学习中往往也没有进一步去了解英语单词在不同句子中的不同意思，使得他们只会按照字面上的意思去进行英语翻译。

例如，英语单词 help 最普遍的意思是"帮助"，但是它在不同的句子里却有不同的解释，以"Please help yourself to some pork."这个句子为例，其正确译文是"请随便吃点肉"，help 在这里充当的是句式的一部分，因此不能拿来单独翻译；而在"The medicine helps a cold."这个句子指的是"这种药可治疗感冒"。可见，在这个句子中也不能将 help 直接翻译成"帮助"，而要依据上下文的意思进行翻译，这里用"治疗"就比"帮助"确切。如果学生对西方文化缺乏了解，加之受汉语语言习惯和思维惯性的影响，在翻译过程中就很容易造成误译。

可见，翻译并不是一门孤立的学科，而是集各种知识于一体的综合学科。学生只有努力掌握语言基础知识，具备扎实的双语功底，并日积月累地丰富自身的文化知识，才能胜任翻译工作。

（三）学生翻译实践问题较多

1. 翻译死板

中国学生由于受到汉语思维的影响，在翻译一些固定句式时往往死板、生硬。例如，很多学生一看到英语形容词就自然而然地将其翻译成汉语的形容词形式，即"……的"，导致译文"的的不休"，读起来十分别扭。此外，在英语被动句的翻译方面，很多学生也经常处理不好，通常一看到被动语态就习惯性地将其翻译为"被……"。我们知道，英语中被动语态的使用频率较高，如果处理不好，翻译出来的句子或文章读起来就令人很别扭。例如：

It is considered of no use learning a theory, without practice.

原译：脱离实践学理论被认为毫无用处。

改译：人们认为脱离实践学理论毫无用处。

上述例子中，原译是机械生硬地照搬原文句式，导致译文读起来十分别扭。

---

① 周兴华. 翻译教学的创新性与前瞻性体系研究［M］. 长沙：湖南师范大学出版社，2018：36.

2. 语序处理不当

英语句子通常开门见山地表达主题，然后再逐渐补充细节或解释说明。有时要表达的逻辑较为复杂，则会借助形态变化或丰富的连接词等手段，根据句子的意思灵活安排语序。相比之下，汉语的逻辑性较强，语序通常按一定的逻辑顺序（如由原因到结果、由事实到结论等）逐层叙述。这种差异意味着将英语句子翻译成汉语时必须对语序做出适当的调整。而很多学生意识不到这一点，译文也大多存在语序处理不当的问题，读起来十分别扭。例如：

The doctor is not available because he is handling an emergency.

原译：医生现在没空，因为他在处理急诊。

改译：医生在处理急诊，现在没空。

3. 不善增减词

由于语言、文化等方面的差异，翻译时不可能也没必要完全拘泥于英语形式，即逐字逐句地翻译原文。事实上，根据原文含义、翻译目的等方面的不同，译文可根据实际需要适当增减词。而很多学生并不明白这一点，因而其译文大多烦冗啰唆。例如：

Most of the people who appear most often and most gloriously in the history books are great conquerors and generals and soldiers...

原译：在历史书中最常出现和最为显赫的人大多是那些伟大的征服者和将军及军人……

改译：历史书上最常出现、最为显赫者，大多是些伟大的征服者、将军和军人……

4. 不善处理长句

英语中不乏长而复杂的句子，这些句子大多通过各种连接手段衔接起来，表达了一个完整、连贯、明确、逻辑严密的意思。很多学生在遇到这样的句子时往往把握不好其中的逻辑关系，也不知如何处理句中的前置词、短语、定语从句等，因而译出的汉语句子多不符合汉语表达习惯。例如：

Since hearing her predicament, I've always arranged to meet people where they or I can be reached in case of delay.

原译：听了她的尴尬经历之后，我就总是安排能够联系上的地方与人会见，以防耽搁的发生。

改译：听她说了那次尴尬的经历之后，每每与人约见，我总要安排在彼此能够互相联系得上的地方，以免误约。

三、从翻译教材而言

（一）教材编排不新颖

1. 未脱离传统的束缚

从改革开放以来，我国的翻译教材在编排上仍旧未能走出传统思想的禁锢，这主要是由于两个方面的原因。

（1）编著者是语言教学专家而不是翻译专家，他们虽然也可能做过一些翻译工作，但是对现实社会的实际翻译操作了解得不够深入。因此，在编排上就很难给予合理性指导。

（2）教材编写者的思想并没有完全解放，他们认为离开传统路线的教材很难让使用者接受。编著者心目中的读者对象是外语学生，教材的任务与目标是加深学生对语言的认识或提高外语水平。

2. 侧重语言的转换

按照编写体系，目前的翻译教材可以分为语法流派翻译教材、功能流派翻译教材、当代译论流派翻译教材。其中，以第一种教材居多。但是，大多数翻译教材在编排上还是侧重语言的转换，主要是由以下几个因素造成的。

（1）很多编写者并不是翻译的专家，并不非常了解现实的翻译实践。

（2）在编写者的心中，语言教学等同于翻译教学，语言能力等同于翻译能力。

（3）编写者将外语学生作为读者对象，因此编写教材的目标和任务就是逐步提高语言水平。

（二）译例编选不合理

在翻译教材的译例中，大多都缺乏实用性，主要表现为以下几个方面。

（1）大多数译例缺乏上下文的结合，仅仅是单句或者段落，这会给翻译造成严重的困难。另外，没有上下文的译例并没有标明出处，这就造成教师也很难给学生提供其关联的背景知识。

（2）译例的难易程度并不能体现学生群体的现实水平。有些过于简单，学生关注度低；有些过于困难，学生很难理解。

（3）在大多数译例中，并没有体现出翻译技巧，这很难让学生将技巧与实例结合起来。

（4）译文不够规范和妥当。很多译例用词比较生硬，使整篇译作缺乏美感；在翻译词语的增减上，常常会出现漏译和翻译超额的现象；在翻译风格上，扭曲了原文的风格。

（5）译例缺乏权威性和典型性，很多实例都来自网络一些编者，在用词和语言上还有所欠缺。

（三）翻译练习不科学

配套的练习也是翻译教材的一个重要组成部分，目前多数翻译教材的练习存在以下问题。

（1）从选取上来说，大多数编写者并不注重练习的选择，盲目的对外国书籍或者报刊的文章进行摘录，只要是有英汉对照的练习，就直接拿过来编写到教材里面，甚至有些连出处都不明了。

（2）从形式上来说，大多数练习都是词、段落、句子、语篇的互译，将内容局限于形式的对比上，比较单调。

（3）从结构上来说，教材的练习一般比较单一，基本上都是列出一段文字，下面就是翻译，而且在答案上也并不过多解释，让使用者只知其然，而不知其所以然。

第三节　英语翻译教学中的文化因素分析

一、语言文化因素的不对等性

（一）翻译中不对等性的内容

在很多资料中，对于翻译中的不对等性虽然有所提及，但是并没有一个比较清晰的概念，然而通过博采众长可以归纳出，即受不同历史背景、风俗习惯、传统文化等诸多因素的影响，译文由原语向目的语变化的过程当中，出现了在形式、风格等方面的不同。在翻译过程中虽然可以把内容真实再现，但是想要译文和原文达到绝对的相等又是很难实现的。

翻译家尤金·奈达（Eugene Nida）指出："对于真正成功的翻译而言，熟悉两种文化甚至比掌握两种语言更为重要，因为词语只有在其作用的文化背景中才有意义。"① 这就道出了词语与文化的关系。因此，语言的翻译不仅是语符表层指称意义的转换，更是两种不同文化的相互沟通和移植。翻译既涉及两种语言，又涉及两种文化。不同民族文化赋予语言以不同的文化内涵，使语言在其结构特点（包括词汇、语法结构、语义等）方面会有比较大的差别，这就是词汇与词义的不对等性。

因而，翻译难以在译语中找到和原语文化意义相对应的、具有承载同样文化信息的表达方式，造成翻译的不可译性。文化因素在英汉翻译中越来越受到人们的注意，其根本原因是，翻译虽说是把一种语言转化成另一种语言，但究其实质，却是把一种语言所承载的信息毫无遗漏地用另一种语言表达出来。否则，仅仅是语言的转换，不能称其为翻译。民族文化的差异导致语言基本要素——词汇的不对等性，它使语言交流的可译度降低。

（二）文化差异导致的英汉不对应

1. 由思维差异而造成的不对等性

受到政治格局、地理位置和历史因素的影响，中西方人之间的思维方式产生了很大的差异。孙致礼指出："中国人重视形象思维、直觉和合成，而西方人注重逻辑思维、证据和分析。"② 现在，让善于注重思维的中国人去阅读擅于注重逻辑的西方人的著作是非常困难的，因为在阅读分析过程中，往往会产生偏差，不能真正读懂作者的意图。

2. 由文化差异造成的不对等性

在多样的民族传统特色和文化背景下，英语和汉语差异明显，这给两者的互译带来了挑战。在翻译实践中，两种不同的语言有自己依赖的文化背景，所以很难实现完全等价。为了确保读者能更准确地理解译文，译者需要多从读者的角度考虑。

第一，原语言中的指称对象在译入目标语文化中根本不存在、罕见或被忽视。如"三心二意"译为英语可以说"neither off or on"，而不能说"three hears and two meanings"；"三个臭皮匠，赛过诸葛亮"，可译为"Heads are better than one"。此时的翻译差异完全是文化差异。诸葛亮只有中国有，而这句谚语是世人用以形容人多点子多，借用古代智者的名字来做比喻而形成的，已为人们广泛使用这些词语通常不能按字面意思翻译，否则会造成错误或误解。

---

① ［美］尤金·奈达. 语言文化与翻译［M］. 严久生，译. 呼和浩特：内蒙古大学出版社，1998：36.

② 孙致礼. 新编英汉翻译教程［M］. 上海：上海外语教育出版社，2003：83.

第二，原语言文化在概念上有明确的实体指代，而译入语文化不加以区分。例如，英语中的"armchair"指任何有扶手的、硬的或软的椅子，但在汉语中却分别有"扶手椅"和"单人沙发"等不同的指代。

第三，原语言和译入语中同一个指称对象可能由字面意义不同的词语加以指称。例如，英语的"black"翻译成汉语是"红茶"，而不是"黑茶"这是因为中国人注意的是茶水的颜色，而英国人重点放在茶叶的颜色上。

二、文化趋同对翻译教学的启示

（一）文化趋同对翻译的挑战

文化趋同体现文化具有普遍性的特点，但这不能只是简单地看作文化间寻求共同性的双向努力。20 世纪 70 年代，研究者将西方文化对外扩张、压缩和减少其他地区的文化生存空间称之为"文化同一化"（Cultural homogenization），同时提出了"文化帝国主义"（Cultural Imperialism）的论调。到了 20 世纪 90 年代，很多研究者对上述的观点进行反驳，认为文化全球化有正面作用，本土文化并不会因为文化趋同而萎缩。[①] 相反，具有本地特色的文化依然活力旺盛，与外来文化融合并产生新的创新点，因而发展出"文化本土化"（Cultural localization）的说法。

各个民族由于历史、宗教、地理环境、发展阶段不一等因素而造成文化差异，从文化的深层角度来看，文化本身具有异质性（otherness），文化的同质性和异质性并存，文化融合拉近了不同文化，提高了不同语言之间的适应性。对翻译的影响主要有两方面：一是文化趋同令读者对异域文化逐步认识与接受，因而降低了翻译中的难点；二是不同文化的交集也伴随着文化观念差异，不可避免地彼此互相冲突，给翻译带来了障碍和难点。翻译学家尤金·奈达说过："对于真正成功的翻译而言，熟悉两种文化甚至比掌握两种语言更为重要。因为词语只有在其作用的文化背景中才有意义。"[②]

（二）文化趋同视域下翻译教学的具体措施

1. 培养学生文化平等的意识

翻译的最终目的不是语际转换，而是两种文化的相互影响和相互渗透。基

[①] 张富民. 文化交融视域中的英语翻译研究 [M]. 北京：光明日报出版社，2019：237.
[②] [美] 尤金·奈达. 语际交流中的社会语言学——汉英双语版 [M]. 严久生，译. 呼和浩特：内蒙古大学出版社，1999：43.

于此点,在大学英语翻译教学中,英语教师应当正确引导学生客观地评价中西方文化,促使学生逐步形成文化平等的意识。在翻译教学或翻译实践活动中,教师在教授学生英语文章翻译知识及技巧时应注意传授与之相关的西方文化,鼓励学生了解西方文化,并客观评价西方文化的价值,以便学生在英语文章翻译中正确运用西方文化来规范自己的解释。

2. 注意培养学生文化理解意识

为了使学生能够在英语翻译中准确地表达原文的意义,在大学英语教学中还要注意培养学生的文化理解意识。只有学生准确地理解西方文化,才能使学生改变中国式思维方式,从西方文化的角度来翻译句子,准确地体现英语原文的意义。在大学英语教学中培养学生的文化理解意识,首先是让学生多接触西方文化,多了解西方文化,让学生知道中西方文化的差异所在;其次是在英语翻译教学中注意纠正学生文化理解方面的错误,逐步强化学生对西方文化的理解能力,以便学生在英语原文翻译的过程中,可以理解原文隐含的西方文化,进而准确地翻译英语原文。所以,大学英语教学应注意培养学生文化理解意识,提高学生英语翻译能力,为其成为优秀的翻译人才创造条件。

3. 坚持"语言与文化相结合"的原则

语言学习过程就是文化适应的过程,文化是语言学习密不可分的重要组成部分。文化因素常常隐含在语言学习的全过程,借助语言中的词汇、句法、语篇和语用系统等,反映该文化、该民族的政治、价值、思维、道德、风俗、审美等各个方面。语言因素和文化因素相互制约、相辅相成的关系决定了必须在翻译教学中进行文化导入。如果大学英语翻译教学只注重词汇、语法、翻译理论、翻译方法的讲解,对文化在翻译中的作用缺乏足够的认识,忽视文化因素的导入,势必导致翻译教学干瘪而空洞、浮于形式而缺乏内涵。长此以往,学生将无法正确理解并使用所学习到的语言知识和翻译方法克服文化障碍,以致难以完成翻译任务。反之,如果翻译教学中过于注重文化导入,忽视语言学习、翻译方法等基本功的打磨,学生也将因此失去语言运用的利器,那么翻译任务的完成也将无从谈起。因此,在大学英语翻译教学中进行双向文化导入必须坚持"语言与文化相结合"的原则。

三、翻译教学中的文化交融

(一)文化交融对翻译教学的启示

1. 重视母语教学

在多元文化背景下进行外语教学,重视第一语言的作用已成为外语界的共识。第一语言可以为学生学习其他学科内容提供背景知识，使其产生安全感；它还有助于提高学生最基本的阅读能力和"高级"语言能力。但面对经济一体化大潮的冲击，不少外语专业学生显得迷茫浮躁，热衷于各种考试、辅修课程，或者消沉失落、随波逐流，对本专业课程采取应付态度，而对本民族语言以及文化更是采取漠然的态度。在多元文化背景下，翻译教学要强调学生文化素质的培养，既要关注英语语言与英语文化学习的重要性，又要关注本民族语言、维护本民族文化强调本族语言在多元文化中的重要性。

2. 保持开放与交流的心态

维护本民族语言、尊重他国文化以及保持文化多样性、建设世界和平文化需要翻译活动所体现的开放与交流的文化心态。任何一个民族想发展，就要与其他文化交流、碰撞、冲突，并最终实现相互理解、相互交流。在这一过程中，翻译始终起着重要作用。在翻译教学中应该在加强母语学习的同时，进行多元文化教育，要让学生懂得：没有在多种文化的接触、碰撞中起沟通作用的翻译，就无法保证世界各民族文化的共存、交融与发展。

3. 提倡多元文化教育

在翻译教学中，要提倡多元文化教育，即文化自尊和文化尊重的教育。通过民族传统教育和爱国主义教育，让学生感受本国文化的丰富性，培植民族文化尊严了解人类文化的多样性，学会尊重其他文化，从而提高学生的文化素养。要让学生认识到，只有具备中国历史文化的一定素养，才能有识辨世界文化的能力，才能有更高的爱国情操和民族情感，才能潮起潮落不改本色，才能在兼容并蓄中发展、在对外交流中保持特色。

文化是一个民族得以传承的内因文化是一个民族能够生生不息的灵魂。不论哪一个国家，都要在吸收外来文化中保持自己民族的传统。在全球化大潮的冲刷下，不改本国本色，方能接过前人世代相传的香火。只有民族的文化，才是世界的文化。

在翻译教学中，要推广母语教育、弘扬多元文化、加强学生自身民族文化素质培养，不仅要关注外语学习的重要性，更要关注本民族语言、维护本民族文化强调本族语言在多元文化中的重要性，同时还要以促进中西融合为目标进行学习要在提高两种语言文化交流的同时，培养学生以传播民族文化与世界文化为己任的民族责任感。

(二) 基于文化交融的英语翻译教学途径——文化导入模式

1. 中西文化导入的意义

在大学英语课程教学中导入中西方文化知识，既符合语言教学的内在要求，又符合培养大学生综合文化素养的需要。此外教师课堂中遵循文化导入的原则将保证文化导入教学的顺利进行。

教师在课堂中导入中西方文化知识是提高学生综合文化素养的有效方法。从语言学习的角度来说，教师导入西方文化知识，便于学生掌握西方语言的文化背景可使学生在进行听力练习或阅读英文材料时，能够恰当理解其中的文化内涵，进而提高英语学习成绩。另外，教师导入母语文化知识，便于学生了解不同文化间的差异性，便于提高其语言学习兴趣。英语教学实行目的语文化与母语文化兼容并举，将有利于学生今后跨文化交流的成功，避免因文化因素而造成的交际失败同时，有助于学生在跨文化交际中传扬我国悠久的历史文化精髓，提高中国文化对世界文化的影响力。

2. 运用讲解进行文化导入教学

在英语翻译教学当中，也可以运用讲解的方式进行文化导入教学。因为英语和汉语当中都有非常丰富的词汇，这些词汇实际上在不同的应用环境当中有其独特的含义，要区别进行使用。所以，英语教师在进行英语文化背景的讲解过程当中，要注重英语词汇和汉语词汇当中存在的一词多义的内容，特别是意思容易混淆的一些词汇，都应该进行区分，特别是在翻译过程当中要注重文化语境的区别。

对于英语教师而言，在英语翻译教学课程当中要注重对文化背景的介绍，尤其是英语词汇的文化背景介绍，通过讲解这些固定搭配所植根的文化传统或者民间风俗等，从而更好地引导学生加深对这些词汇的固定搭配以及固定句式的理解。特别是英语中有非常多的习语，这些习语实际上都是从西方文化演进而来的，是西方文化的重要积淀，但是对于不熟悉西方文化的人而言，其对这些词汇和固定搭配的用法就不一定非常熟悉。所以英语教师要在习语的翻译当中，着重对英语国家的文化进行介绍，要让学生掌握这些习语，从而掌握到传统西方文化和语言之间的联系。比如，在英语语言当中有一句"separate the sheep from the goats"习语，从字面上看好像是要区分山羊和绵羊，但其实并不是这样的一个含义。这两种羊实际上是代表了两种人，绵羊性情比较温和，所以比喻好人；而山羊性情比较冲动，所以用来比喻坏人。因此，这样的一句习语的意思是区分好人和坏人。由此可见，讲解分析可以提高学生对于英语习语翻译的准确性，同时也可以提出他们对于英语文化的认知，在教学效果上是比较好的。

第四节 跨文化交际下的英语翻译教学的策略

一、促进学生英语跨文化知识的积累

英语翻译教学的知识面非常广,知识点比较零散,其中涉及的文化元素也多纷繁复杂,这就需要学生在平时的英语翻译学习中重视对英语跨文化知识的不断积累,实现跨文化翻译素养的不断提升。鉴于此,高校可以专门开设英语文化选修课,培养学生文化课翻译能力。因为课堂上教师穿插讲解的英语文化知识不能满足学生学习翻译实践中的具体需求,而要增加跨文化教学课程的灵活性和多样性,选修课是一种很好的方式。教师可以开设"中西文化比较""西方文化介绍"等课程,还可以通过电影、视频、戏剧等形式让学生全面了解西方文化,增加学生的文化积累。同时,教师在英语翻译教学之余,应当多鼓励和指导学生阅读课外英文素材,拓宽翻译学习渠道和学生跨文化知识点的学习视野。如可以向学生推荐相关的英语文化、历史、地理、社会风俗等方面的书籍,让学生对英语文化的理解更加全面和具体,减少文化负迁移的影响。

二、培养学生的文化移情能力

语言不能脱离文化而单独存在,英汉两种语言之间的交流,实质上是中西两种文化之间的碰撞。所以,英语翻译不能仅局限在语言文字的简单转换上,要想准确地表达原文的意思,就必须加强中西方文化的教学,让学生对于外国文化有一个深入、细致、全面的了解,并将其与中国文化进行对比,在对比中强化学生的文化差异意识,提高学生对于文化差异的敏感性,拓宽学生的文化视野,培养学生的文化移情能力。

英汉语言中的文化差异很大,中国学生在英汉翻译训练中既要学会语言规则的转换,也要学会进行文化移情,正视、感知和调解文化差异,否则容易引发误解、摩擦和矛盾,造成文化碰撞,致使译文不能被读者理解。在英语翻译中的文化移情,就是译者在从事翻译活动中,有意识地摆脱原有文化的约束,超越本土文化的限制,自觉转换文化立场,把自身置于目标语的文化模式中,

如实感受、理解和领悟目的语文化。①

在跨文化交际中，文化移情能力是连接主体与客体的语言、文化、情感的桥梁和纽带。强化学生的跨文化意识，必须注重培养学生的文化移情能力。因为中西方的文化差异较大，其体现在生活、习俗、文化等方方面面。所以，在英语翻译教学中，教师应注意向学生介绍中西方文化差异，培养学生的文化移情能力，摆脱思维定式的束缚，进而顺畅地进行英汉语言之间的转换，提高学生的翻译水平。

三、革新教学模式

目前，英语翻译教学更加注重对学生翻译技巧的传授以及词汇量的增加，以单元为核心，重视英语语法、发音、腔调等方面的翻译精准度，侧重词汇运用及组合的练习，这样的教学模式过于传统和落后，并且带有显著的应试教育特征，重视对学生翻译能力和应试技巧的锻炼，严重忽视了英语翻译中最重要及最基础性的文化要素。此外，教师通常以讲解性的方式进行翻译教学，这种教学方法虽说在一定程度上能够巩固学生的基础，但却无法提高他们的综合素养，更无法让广大学生深刻意识到中西方文化之间的差异性。对此，教师必须要对传统教学模式和方法进行革新，在翻译教学过程中融入英语文化知识，以此来提高学生的跨文化意识。比如，在翻译关于圣诞节方面的英语素材时，教师应有针对性地向学生传授关于圣诞节的文化知识，并列举出一系列的词汇，如火鸡、圣诞老人、贺卡、驯鹿、蜡烛、糖果、烟囱、壁炉等，利用翻译教学将西方文化有效融到其中，让学生对西方的重要节日更加了解，从而为他们日后的翻译打下良好基础。与此同时，教师还需转变以往的、一成不变的课堂模式，强化和学生之间的互动与交流，要努力探索满足学生需求、契合他们性格特征的教学方式，进而推动翻译教学的变革及发展。

四、强化课外实践

语言学习相对其他知识的学习来说更加复杂，且时间较长，若是单方面地依靠有限的课堂时间，无法达到理想的学习效果，对此，在英语翻译教学过程中，教师需要积极组织广大学生参加课外实践活动，利用多种形式的课外实践活动，拓展并增强学生的英语翻译能力和水平。

具体来说，首先，教师应在校内为学生创建优质的英语翻译环境，举行英

---

① 李清源，魏晓红．中美文化与交际［M］．上海：复旦大学出版社，2012：309．

语辩论大赛、英语演讲竞赛、英语文化节等丰富多彩的实践活动,引导并鼓励广大学生利用课余休息时间,主动阅读各类英文著作、英文杂志、英文报刊,观看英文电影、电视剧等,以此来开阔他们的英语视野,利用英文读物进一步了解西方各国的风俗民情、民族文化、宗教信仰及生活习惯等。其次,教师应充分利用网络平台,依托网络技术创建有助于提高学生跨文化交际能力的第二平台,通过网络搜集西方各国的历史文化及风俗等信息资源,且及时上传到平台中,方便学生随时随地浏览、下载和学习。与此同时,院校应积极与西方有关高校进行合作,协同建设英语学习平台,利用西方高校在资源方面的优势,全面更新平台内容,逐步提高广大学生的英语素养和能力。

五、讲授翻译方法

文化差异的客观存在使得语言更加具有多样性,这无疑造成了不同语言之间翻译的障碍。英汉语言对比,是翻译理论的核心,其方法与技巧也是建立在两种语言对比的基础之上。英汉语言中存在很多差异,如句式中的意合与形合、从大到小与从小到大、被动与主动、人称与物称、谓语动词(物主代词和冠词)的使用、表现手法等,对此要进行细致的分析,以确定不同的翻译策略。对于翻译实践来说,从篇章、句法和词汇入手,掌握英汉两种语言各自的特点及其差异,对诠释语言的文化内涵和外延是至关重要的。因此,为了进行有效的英汉翻译,译者不仅要熟悉两种语言系统,更要深深理解这两个国家之间的文化差异。遵循这些差异,采用合适的方法和策略,才能使译文准确地道,合乎表达习惯。在翻译教学中,教师通常鼓励学生采用以下策略来处理英语翻译中的文化差异,从而提高翻译教学的效率。

(一)直译法

直译法要求在不引起错误联想、符合译语语言规范的基础上,按照原文字面意思进行翻译。这种方法的优点在于它不仅保持了原文的内容,还保持了原文的形式,特别是保持了原文的形象、地方色彩等,因此是英语翻译中最常使用的技巧。例如,有些英语习语可以直接翻译成汉语,最常见的有"Easy come, easy go."(来得容易,去得快),"armed to the teeth"(武装到牙齿),"strike while the iron is hot"(趁热打铁),"a castle in the air"(空中楼阁),"first-hand material"(第一手材料)等。同样,有些汉语习语也可以通过直译法翻译成英语,如"垂涎三尺"(to make one's mouth water),"火上浇油"(to pour oil on the flame)等。这些都是通过直译法翻译出的习语,它们直观地再现了源语言的意思,同时也保留了各自的语言文化特点。可见,直译法在翻译中也发挥着重要的作用。因此，在翻译教学中，教师也可以在向学生介绍直译法的基础上，通过直译法的具体实例分析，引导学生在翻译实践中正确使用这一方法。

(二) 音译法

音译是根据词语的发音采用发音相同或大致相同的目的语词语来表达的一种翻译方法。有些词语表示了其所属文化下的某些新兴、特有或最早出现的事物、概念等，这些事物、概念在译语文化中一开始并不存在，翻译时也就无法找出与之对应的词语，这时就可以采用音译法来翻译。

需要指出的是，音译法不能胡乱使用。如果学生一遇到不理解的词语就音译，就无翻译可言了。因此，教师在翻译教学中教授音译法时，应告诉学生音译法的使用范围，即用于地名、人名、机构名称以及一些流行语的翻译，目的在于保留源语的异国风味，减少翻译过程中的文化遗失和语言误解，快速、准确地传播文化，同时丰富本国语言。

(三) 意译法

英汉语言各有自己的词汇、句法结构和表达方式，这就意味着直译有时是行不通的。翻译时若无法通过直译来表达原文含义，或直译过来不符合汉语习惯时，则可采用意译法再现原文含义。意译，是指根据原文的大概意思来翻译，不做逐字逐句的翻译以区别于"直译"。意译不仅能够体现出不同语言在宗教文化、物质文化和社会文化等诸多方面的差异性，而且还能够体现出本民族的语言文化特征。相比较之下，直译法虽然形象但是往往不能很好地表达出原文中所蕴含的历史、社会、宗教等方面的含义。因此，在必要的时候选择意译法或者是将意译法和直译法结合起来使用会收到更好的翻译效果。比如，汉语中的"管他三七二十一"，如果直译成英语，未免会让人不知所云，所以只能根据它隐含的意思（不顾一切后果），将其翻译成"regardless of consequence"。这样的例子还有很多，比如，"something unexpected may happen anytime"译成"天有不测风云"，"still water run deep"译成"大智若愚"，"When in Rome, do as the Romans do."译成"入乡随俗"，"物极必反"翻译成"Extremes meet."，"吃力不讨好"译成"To catch the wind with a net."等。

以上这些翻译都是摒弃了源语言的表面形式与字面意思，通过意译法或直译相结合的方法进行翻译，深入诠释了其中隐含的意思。因此，在翻译教学中，首先教师应该让学生了解意译与直译之间的差异，其次教师应该结合具体实例来分析意译法的具体使用情况，从而使学生能够在翻译实践中恰当地使用意译法。除此之外,教师应该让学生知道,在必要情况下可以将意译法与直译法相结合,以此来提高翻译的效果。

(四)归化法

归化是指源语的语言形式、文化传统和习惯的处理以目的语为归宿,换言之,用符合目的语的文化传统和语言习惯的"最贴近自然对等"概念进行翻译,以实现功能对等或动态对等。[1] 由此可见,归化法要求译者向译语读者靠拢,译文的表达方式采取译语读者习惯的译语表达方式来传达原文的内容。

在翻译过程中,语言文化差异会使译者遇到种种障碍,且有些障碍甚至是难以逾越的。如果选择错误的翻译方法势必导致译文晦涩难懂,影响读者接受效果,因此译者需要采用归化法进行翻译。如前所述,归化法是以译语文化为归宿的,它要求顺应译语读者的文化习惯,强调读者的接受效果,力求译文能被译语读者接受并确保通顺易懂。

归化的一般做法是抓住原文语用意义,从目的语中选取与原文语用意义相同的表达进行翻译。也就是说,归化法是将原文独具特征的东西采取"入乡随俗"的方法融到目的语中的转换方法。归化法是语言形式上或者语言形式所负载的文化内涵倾向于目的语的翻译方法。总的说来,就是反对引入新的表达法,使语言本土化。

归化法具有一定的优点,即不留翻译痕迹。由于英汉语言在社会环境、风俗习惯等方面存在着一定的差异,导致英汉文化也有很大的不同。由于同一种事物在不同文化中有着不同的形象意义,因此翻译时需要将这些形象转换为译语读者所熟悉的形象。尽管归化中的形象各异,但是却有着相似或对应的喻义,这样的译文也能保持所描述事物固有的鲜明性,达到语义对等的效果。

这里还需要指出的是,在翻译教学中,教师在讲解翻译问题时,也经常将归化法融入其中,这样不仅有利于学生更容易理解原文,还有利于提升教学效果。

(五)异化法

异化法是指在翻译上迁就外来文化的语言特点,吸收外来语言的表达方式,这种翻译方法要求译者在翻译时尽量向原文作者靠拢,采取与原文作者相同的源语表达方式来传达原文的内容。换言之,异化就是在翻译时保存原作的"原汁原味"。

---

[1] 赵友斌. 中西文化比较 [M]. 长春:吉林人民出版社,2017:59.

异化的代表人物韦努提（Venuti）从解构主义的翻译思想出发，提出"反翻译"的概念，他强调译文在风格上应与原文风格保持一致，并突出原文之异，主张要发展一种翻译与实践，以抵御目标语文化占指导地位的趋势，从而突出文本在语言和文化两个方面的差异。[①] 翻译的最终目的就是将源语文化介绍给目标语的读者，使其了解源语文化。

综上所述，异化法的翻译具有以下几个优点。

（1）可以提高源语表达在译入语中的固定性和统一性，有利于保持译语表达与源语表达在不同语境中的一致对应。

（2）异化法的翻译可以实现译语表达的简洁性、独立性，保持源语的比喻形象。

（3）异化法的翻译有助于提高表达语境的适应性，提高译文的衔接程度，同时也有利于不同语言之间的词语趋同。

基于此，教师也可以将异化法融入翻译教学中，让学生了解异化法的诸多优势，在实际的翻译中科学地使用这一方法。另外，教师可以结合具体实例来比较归化法与异化法之间的差异，从而让学生了解这两种方法的不同，进而正确使用这两种方法。

（六）归异互补法

1. 归异互补法分析

在具体分析归异互补法之前，首先分析归化法和异化法两个方面的极端。

（1）过分地归化

过分地归化，是指不顾源语的民族文化特征，不顾原文的语言形式，一味地追求译文的通顺和优美，甚至在译文中使用一些具有独特的译语文体色彩的表达手段，这就有可能会导致"文化误导"。

（2）过分地异化

过分地异化，是指不顾译语的语言习惯，不顾读者的需要，一味地追求与原文的形式对应，往往造成了译文的晦涩难懂，影响译文的可读性。

（3）归异互补法

结合以上的论述可知，好的翻译即是在异化和归化之间找到一个合理的折中点。这需要教师在翻译教学中引导学生仔细研究原文，弄清原文的意蕴，遵循在对翻译目的、作者意图、文本类型和读者对象等因素分析的基础上审慎地做出选择，准确把握好"化"的分寸。

[①] 李华钰，周颖. 当代英汉语言文化对比与翻译研究［M］. 长春：吉林人民出版社，2017：36.

2. 归化与异化的关系处理问题

在处理归化法与异化法的关系时，译者应将异化法作为首选的翻译方法，归化法作为辅助方法。也就是说，可能时尽量异化，必要时尽管归化。具体包括以下几个方面的内容。

（1）一般情况下，尽量采用异化法。要让译文达到"形神兼备"的效果，通常需要异化法来完成，因此在翻译过程中，如果异化法能够使译文晓畅达意，则应坚持使用异化法。

（2）如果单独使用异化法不能使译文完全达意，或者译文不能完全通畅，那么需要综合采用归化法和异化法。

（3）如果异化法完全行不通，译者也不必勉强，而应采取归化法，舍其表层形式，传达其深层含义。

总之，教师在翻译教学中，应该引导学生在处理异化法与归化法的关系时，还必须掌握适度原则，也就是说，异化时不妨碍译文的通顺易懂，归化时不改变原作的"风味"，力求做到"文化传真"，避免"文化失真"。从这个意义上说，归化法主要表现在"纯语言层面"上，而异化法主要表现在"文化层面"上。

（七）转译法

转译法是一种涉及词类转换的翻译技巧。由于英汉表达习惯不同，译文中不可能每个词语的词性都与原文词语保持一致，这时学生不妨适当转换词性进行翻译。例如，把原文的名词转换为动词，把原文中的副词转换为介词等。在实际的翻译教学中，教师根据翻译的实际情况引导学生采用转译法进行翻译。例如，可以将名词转译为动词、形容词、副词，将形容词转译为动词、名词、副词等。

总而言之，多元化的翻译方法不仅可以激发学生学习翻译的兴趣，还能丰富翻译教学的形式，实现翻译教学的目标。因此，教师在翻译教学中应融入多种翻译方法。

六、提高教师素养

教师是英语翻译教学中至关重要的引导者、组织者、参加者、传授者，作为当代社会的英语教师，需在全面了解中华传统文化精髓的基础上，具有出色的英语技能、英语素养以及开阔的英语视野，熟悉西方国家的背景文化及民俗风情，只有具备强烈的文化意识理念，才能真正明确中西方文化之间的相同点和不同点，从而更好地培养广大学生的跨文化意识和能力。因此，英语教师应该努力学习，将推广西方文化视为自己的重要责任，在教学中向学生介绍西方国家的语言环境、用语习惯、价值观念、社会文化、民俗风情，以此来调动学生的学习兴趣，促使他们主动探索西方文化，了解英语知识所蕴藏的文化底蕴，从根本上提高学生的英语翻译水平。

第八章　英语教学中学生跨文化交际能力的培养

国际交流的日益频繁促使社会对人才的跨文化交际能力要求不断提高，学校作为学生跨文化交际能力培养的主阵地，必须在英语教学中采取有效的跨文化交际能力培养策略，从而切实提高学生的跨文化交际能力。

第一节　跨文化交际能力的基本内涵

一、跨文化交际能力的含义

语言学习理论研究的任务之一，就是揭示语言能力和语言交际能力的构成因素及形成过程。因为只有对语言能力和语言交际能力的构成因素和形成过程有了全面认识，才能在语言教学中更加自觉、更加有计划地培养学生的语言能力和语言交际能力。

（一）语言能力

语言能力是一种内化了的语言规则体系，包括语音、词汇、语法等，是人们所具有的语言知识。语言分为语言能力和语言行为，语言能力是基于对"理想的说话人"在"完全同类的言语群体"中的言语行为进行的研究，这种语言能力包括语言知识和规则及语言的基本技能，而且是人类先天就具有的内在心理机制。

关于语言存在结构系统和规则的观点在我国外语教学领域有着长期的、根深蒂固的影响。其所产生的语言结构系统知识、规则以及范式语言为教学的语言输入和学习活动提供了必要的条件，但也存在明显的不足：此种语言理论只涉及语言系统本身或内部的内容，解决的只是语言形式问题，而未能解决语言的本质，即社会交际功能的问题。

（二）交际能力

何谓交际能力?《朗文语言教学及应用语言学辞典》对交际能力进行了解释：(交际能力)指不仅能使用语法规则来组成语法正确的句子，而且知道何时何地向何人使用这些句子的能力。交际能力包括：①语言的词汇及语法知识；②说话规则，如知道如何开始并结束谈话，不同言语活动中谈什么话题，不同场合对不同的人用什么称谓形式；③掌握如何使用不同的言语行为如请求、道歉、致谢和邀请，并对其做出反应；④掌握如何适当地使用语言。如果想与别人进行交际，就必须注意社会场景、人物之间的关系及特定场合中可以使用语言的类型，还必须理解书面的或口头表达出来的句子在上下文中的意思。

（三）跨文化交际能力

不难发现，语言能力和交际能力中都提及了两个要素：特定环境、有效得体。可以将跨文化交际能力定义为在特定环境中与来自其他文化成员进行得体、有效交际所需具备的能力，包括知识、意识与技能三方面的内容。

1. 特定环境

通常来说，能力指的是一系列的才能或者是有技巧的行为。然而，能力的判定却是随着标准的不同而不断改变的。在一种环境中被认为是有能力的行为，在另一种环境中完全有可能被认为是无能的表现。例如，在西方文化中说话直截了当的风格能够被广泛地接受，可能被认为是有能力的表现；而在中国文化中，说话直截了当则可能不被接受，甚至引起他人的不快，是缺乏交际能力的表现。所以，任何能力都不能孤立地判断，而是应该放在一定的环境中。许多研究者曾经试图通过研究成功的跨文化交际者的性格特征来解释在跨文化交际中所需具备的素质，如内外向、开放度、宽容度等。或许某些性格特征会在特定情况下对跨文化交际有所帮助，但是没有一种性格能够使交际者在所有交际情景中都游刃有余。即便交际者具备有利于跨文化交际的性格特征，也必须在特定环境中来考查是否具备良好的跨文化交际能力。

2. 有效与得体

有能力的跨文化交际者能与其他文化成员进行有效得体的交际。所谓得体，是指交际行为合理、适当，符合特定文化、特定交际情境以及交际者之间特定关系对交际的预期；有效是指交际行为得到了预期的结果。有效是交际的结果，得体是交际的过程。交际者如果能达到交际目的，交际就基本成功了。但在达到目的的过程中，不同的人可能会运用不同的方式，有的得体，有的可能稍欠妥当。如果在达到有效的同时，又能够运用十分得体的方式，就是成功的交际。因此，一个具备良好交际能力的交际者既需要运用得体的方式进行交际，也需要达到交际的目的。

3. 知识、意识、技能

除了"特定环境"与"得体有效"，跨文化交际能力还必须具备知识、意识和技能，但跨文化交际能力并不是与生俱来的，也不是偶然获得的，需要一定的前提条件。语言、交际、文化的关系密不可分，语言教学的目的之一是使教学对象能够运用所学语言进行交际，即具有交际能力；文化影响语言和交际，所以教授语言的理想目标是使教学对象使用所学语言在目的语的文化语境中以符合对方文化习惯的方式交际，即培养学生进行跨文化交际的能力。

跨文化交际能力与交际能力的定义比较类似，但是跨文化交际能力除了强调交际的得体性和有效性以外，更强调交际者与所处文化环境的关系。与交际能力的定义类似，跨文化交际能力的概念也历经了一些演变。文化教学的目的从最初的"熟悉外国文化"变成了"培养文化意识"，再到最后的"提高跨文化交际能力"。这三个层次是依次递进的关系。"熟悉外国文化"主要是指有关文化知识的传授；"培养文化意识"建立在掌握一定文化知识的基础上，并且已经触及了对文化的观察力以及对待其他文化的态度；"提高跨文化交际能力"则是在具备"文化意识"以后，在实际交往中的行为与表现。这三个不同的层次正好对应了跨文化交际的三个方面：知识、技能、意识。

二、跨文化交际能力的培养

（一）培养目标

跨文化交际能力培养并非试图改变人们的基本个性和特点，而是增加其社交技巧和处理事务的技巧等，所以跨文化交际的教学目标是增加认知能力，强调情感能力，改变行为方式。同时在确定具体教学目标之前应该了解学生的学习动机，根据具体情况制订教学目标。例如，培训在外国工作人员的目标应该是：学习该国文化的政治、经济和商务惯例；知道应对新环境的方法；了解生活条件，包括学校、公共卫生设施和娱乐设施等。这些教学目标强调跨文化交际能力的认知内容，除此之外，情感内容和行为内容，即减压方法、领导技巧、交际技巧和协商技巧等也不容忽视。

对于大学英语而言，我国教育部要求教学目标应该包含培养跨文化交际能力，目的是提高英语应用能力和文化素养以适应我国对外交流的需要。而提高跨文化交际能力的目标就是要培养融语言知识、社会文化语言能力、策略能力和文化素养为一体的高素质、复合型国际化人才。更详细地说,语言知识包括语言的基础知识和篇章知识。社会文化语言能力包括语言功能知识和语言所蕴含的社会语言文化知识。策略能力包括评估能力,即对交际环境和形式的评估并选择得体的语篇和语言;目标设定能力,即根据交际环境和形式确立合适的交际目标和反馈;策划能力,即根据交际情景和场合决定选用哪些合适的语言知识要素和背景知识要素来达到交际目标;语言行为控制能力,即能够自如地调出和组织所需语言知识成分。

所以,要培养一名在国际化环境中,具备跨文化素养、语言交际能力、行为得体、善于沟通的复合型国际化人才,应该在英语教学中引入文化教学,注重社会文化因素和个人情感因素在跨文化交际能力培养中的作用。

(二) 培养的局限性

培养跨文化交际能力是英语教学的目标已是毋庸置疑的。可是,在实践教学中,还存在着一系列无法回避的问题。

首先,由于其广泛性,英语已经成为一种世界性的语言,因此在学习过程中过度地强调了讲英语的西方国家的文化,那么学习者们最终获得的只是英语世界中特定文化体系的交际能力,而不是他们中许多人认为的放之四海而皆准的跨文化交际能力。在跨文化交际中,使用其中一方的母语为交际媒介,并不意味着双方所有的言语行为都要符合那一方文化的语用适当性。跨文化交际的言语行为适当性不能完全依据使用什么语言来决定,比如,到中国来的美国商人虽然在用英语与中国人交往,却不可坚持其美国文化的语用规约,至少应当在一定程度上顺应中国文化环境的交际适当性。跨文化交际应该是承认差异并容许差异共存的,其中也自然包括交际双方在语言运用上的差异,如果拿交际一方的文化作标准去消除差异,使双方达到语用上的统一,就很有可能最终解除交际的跨文化性质。这样做可以降低相互交往的难度,但是会限制跨文化交际中双方实现各自话语潜势的空间。跨文化交际的目的在于使交际双方能够充分发出属于自己文化的声音,又能够最大限度地相互接近和理解,以获得真正意义上的沟通。

其次,过多地强调对英语文化的学习。许多学习者往往忽视了对自己本族语文化的了解和认识,在完全舍弃自己母语文化的同时,换来的是对西方历史文化的了如指掌,甚至一部分英语学习者只是盲从地接受英语文化的生活方式和世界观,改变其文化认同,这样的想法做法是不可取的。跨文化交际能力包括认知、情感、行为等诸方面的适应能力,具备了这些能力的交际者,能够在跨文化交际中根据实际情况临时搁置或修改自己原有的文化习惯,去学习和顺应与之不同的文化习惯,并能创造性地处理交际双方之间的文化差异。因此跨文化交际能力并不仅仅是获得英语文化知识和交际技能,深入了解英语文化,更重要的是实现两种语言和文化价值系统之间的互动作用,英语文化与母语文化的鉴赏能力相互促进,学习者自身的潜能得以充分发挥。对此,跨文化能力中的文化超越问题得以提出,这主要有以下几层含义:第一,意识到文化的差异或定型的存在,但不为其束缚;第二,能够以更开放、灵活、有效的方式进行跨文化交际;第三,在跨文化交际中生产性的建构自我认同。所谓生产性,源于人本主义心理学家弗洛姆(Fromm)的理论,在外语学习中用来指对母语与目的语的掌握,对于本族文化与目的文化的理解,以及两者之间的积极互动、相得益彰,对两种文化的认识也在质量和深度上达到新水平,促进了人的认知、情感、行为的成长。

最后,如何培养跨文化交际能力还需要英语研究者和学习者不断地进行深入探索。现在的英语教学中,对跨文化交际能力的培养以及文化的教学很多都主要停留在文化知识层面,而其他两个层面则分析的较少。在这些教学模式中,教师以灌输的方式为主,启发性的教学方式几乎不存在。课堂教学中,学生一直处于一种被动接受的状态,与他们的切身体验缺乏联系。这种教学模式最明显的后果是学生缺乏文化知识的系统性,教师随意讲和学生泛泛听是因为没有一个循序渐进、条理清晰的教学模式,这根本无法满足英语教学中文化多元性和发展性的需求。

三、跨文化交际能力与文化休克

文化休克是跨文化交流过程中的一种客观存在,每个置身于新的文化环境中的人都会遇到,能否很好应付这个问题,是跨文化交际能否获得成功的重要因素。

文化休克直接影响着跨文化交际。从个体的层面上看,它直接影响着个人能否适应新的环境,能否顺利完成跨文化交际;从组织交流或国家交流的层面看,因为个人的原因可能直接影响组织交流和国家交流的成败。所以,全球化背景下的文化交际,无论从个人层面,还是组织和国家交流的层面都无法回避文化休克的问题。只有解决这个问题,才能更好地实现全球背景下的跨文化交际。

20世纪初期,随着国际交往的增多,一些政府机构和跨国公司为使海外派遣人员更好地适应当地的生活,完成派遣的任务,开始针对派遣目的地文化展开了对海外派遣人员的培训活动,如讲授目的国自然环境、社会环境知识,教授目的国语言等。但没多久,研究者和企业就意识到仅仅向外派人员提供目的国的相关信息和传授语言知识是不够的。同时，随着文化休克、跨文化适应、跨文化交际能力等理论的发展，跨文化培训有了新的发展，即应从认知、情感、行为三个层面上来衡量，培训应更重视文化敏感性和适应性的培养，重点在使受训者充分认识目的国不同于母国的文化差异，比如生活习惯、风土人情、历史文化背景、思想观念、行为方式等，并在此基础之上，对可能产生的文化冲突形成足够的洞察力和警觉性，以减少到新环境后产生受冲击的不适应感，从而适应目的国的异域环境，提高对抗异域文化的应对能力。

但必须指出的是，无论何种真实的模拟培训，通常仅能引导受训者理性的了解、应对这些差异，而很难让受训者在情感上产生真实的波动，而这种心理上、情感上的波动又恰恰是真实的文化休克的写照。此外，必须意识到，真实的文化是有生命力的、变化的，交际也是互动的，所以跨文化培训的内容永远也不可能囊括所有的文化差异，也很难再现具体的文化差异的场景，却有可能由于缺乏真实互动而使受训者走向非此即彼的文化适应两分模式。而真实的文化休克却可以使交际者在负面性的冲击中获得真正了解对方文化的好机会，是跨文化交际能力发展的开始。因此，跨文化交际者如果经历了真正的文化休克，同时能用积极的心态来应对，那么他所得到的个体成长。首先，必定是理性地认识并应对这些文化差异，减缓文化休克的冲击，同时加快跨文化适应进程；其次，必定是个体跨文化意识、跨文化敏觉力的提高。简而言之，文化休克带来的"个体成长"首先是个体跨文化适应程度和跨文化交际能力的真正提高，它是个体在两种文化间跨越的真正实现。

跨文化交流的深入研究有利于促进不同文化之间的交流与沟通；研究跨文化交际与文化休克有助于促进跨文化人际交流，为不同文化之间的交流提供理论指导，从而使人们在实际实践中减少不同文化之间的冲突，促进文化的融合。

实际上，文化休克研究与跨文化适应研究是无法分离的一体。文化休克代表了跨文化适应过程最明显与主要的部分，甚至是跨文化适应的代名词。文化休克不是只对跨文化交际者形成负面障碍，同时它也对跨文化交际者提出了积极的挑战，是交际者跨文化交际能力发展和个体内在成长的助推剂。因此，梳理文化休克在跨文化适应研究发展中的作用及意义有助于从积极的角度来看待跨文化适应和跨文化交际能力培养的深层次研究。

第二节 跨文化交际意识的培养

一、文化意识形成的不同阶段

在习得目的文化的过程中,学习者从起初的持有文化定势到最终达到真正的移情,需要经历文化意识形成的不同阶段,事实上,由于文化学习者个体存在差异,其最终所能达到的层次也不尽相同。文化意识划分为四个层次,并且大多数的语言学习者都可以归于这四个层次。

(一) 事实、定势和不足

在这一层次上,学习者感受到的文化信息包括学习者认为的目的文化事实、对目的文化及其中的人群持有的文化定势和学习者所认为的目的文化具有的"不足"。例如,一些以英语为第二语言的学习者先入为主地认为:所有的美国公民都开着大轿车并且大声说话;所有的美国男性都喜欢畅饮啤酒并且喜欢穿牛仔靴;所有美国女性的性观念都很开放;所有的或大多数的美国南部人都被视为少数人或外国人等。这些文化定势在不同程度上,都会对学习者真正地了解目的文化产生阻碍。

(二) 浅显的理解

在这一层次上,第二语言学习者会发现更多有关目的文化的细微特点并且有时可能会感觉到失望或沮丧。在这一时期,学习者对于他们观察到的事物只表现出浅显的理解,而非深入的理解。例如,有些以英语为第二语言的学习者发现有些美国人的确非常友善,他们追求真正的友谊或人际关系,而有些美国人只是表面上很友好;有些学生会发现诸如"我们什么时候聚一聚"之类的邀请有可能是认真的,也有可能只不过是礼貌性地寒暄,没有什么切实的意义。有时,诸如此类的发现会使得学习者感到迷惑,甚至恼怒,但是他们却不了解背后隐藏的真正原因。

(三) 深入的理解

在这一层次上,第二语言学习者开始从文化载体本身的参考框架的角度来理解文化现象。这一层次包括学习者对文化深入的理解和其对文化接受的程度。这一层次的学生开始掌握能够与目的文化礼貌传统相结合的主观防御机制，进而能够理解来自目的文化的人传递给他们的某些混杂的信息。例如，此时，以英语为第二语言的学习者开始认识到以英语为母语国家的人们的思维角度往往受到许多不同民族和文化群体的限制，进而开始接受他们的思维角度和行为模式。

（四）移情

这一层次指的是只有通过融入某一文化才能获得的真正的文化立场的转换和对自己母语文化框架模式的超越。这被称之为真正的文化适应，与之相应的文化适应模式即第二语言学习者在学习过程中要受到社会和心理上与目的语文化成员之间距离的影响，这一模式包括个体学习者与目的文化之间的距离，认为当二者之间的距离较小时，则说明学习者已经适应了新的文化并且对这一文化感到认同。例如，有少数达到这一水平的留学生把目的语国家认同为"他们的国家"，并且往往决定留在那里开展其事业。他们大量地使用目的语中的习惯用语，有时取该国人的名字，信仰该国的宗教，甚至有时力图在遵守文化规则方面超越该国人。他们往往有意识地或无意识地力图融入该国人的生活，并尝试理解、尊重、迎合该国人的期望。

一些第二语言的学习者非常渴望尽快了解目的文化社会，但事实上，许多学习者并不能够完全了解并适应目的文化，有时候，在跨文化交际课堂上，虽然有的学生完成了对目的文化某些方面的学习，但是他们往往坚持其母语文化的理解方式和行为模式，而并未做出很大的改变，甚至有些留学生的最终目标只不过是带着良好的目的语技能和较高的目的语国家学位荣归故里，而不需改变其本人的文化身份。对于陪读的家人来说，他们甚至更渴望坚持其本身的文化身份，例如，在美国，有时中东人的妻子常常只与操阿拉伯语的移民进行交流，她们不愿和周围的美国人打交道，也不愿学习英语，即使她们在美国已经生活了四五年。即使这样，大多数的第二语言学习者还十分渴望通过在目的语国家学习或生活，观察他们周围的文化传统习俗，并设法适应目的语文化来开阔其文化视野。许多第二语言学习者出于继续深造和谋求好事业的需要而来到目的语国家生活并且参加相应的目的语学习课程，因此，他们更能贴近和感受目的语文化。通常来讲，他们会以自己的文化视角来看待目的语文化，但与此同时，他们又开始以新的方式来审视自己以及其母语文化，以英语为第二语言的课堂是我们所生活的世界的一个典型缩影。

以英语为第二语言的学生不仅要面对以英语为母语国家的文化，还要常常接触世界其他国家的文化。通过对外语学习过程中文化因素的系统性学习，他们会明白世界上并不是只有某一种"固定"或"正确"的解决问题的方式，而是有许多种解决问题的方式，这主要是由于文化的多样性造成的。事实上，这些学生还是会觉得他们母语文化中解决问题的方式最令人感到舒服并且最适合他们。但是，他们不会再否定其他国家人民的信仰和行为，并且会明白虽然其中的某些信仰和行为和他们自己国家的信仰和行为有时会截然相反，但是这些信仰和行为对于其所在国家的人民来说，仍然是合情合理的。

二、跨文化交际意识培养的主要内容

从英语教学的性质、规律以及跨文化交际的具体要求看，培养师生所谓的跨文化交际意识，主要有以下六个方面的内容。

（一）师生双主体意识

教学的过程是作为"教"的主体的教师和作为"学"的主体的学生双向交际的过程，离开两主体的双向交际，而只局限于其中的任何一方，就难以有效达成教学目的。跨文化交际意识的培养也是如此。过去往往只调整教师主体在教学中的主导作用，而忽视另一学生主体的积极性和创造性，实践证明是有百害而无一利的。因此，跨文化交际意识应该是一种双向的意识，不但教师要有，学生更应该有，从而使教师既是语言教师，同时还是文化教师，学生既是学语言的学生，亦即是学文化的学生。

（二）交际意识

交际是语言最基本的功能，也是英语教学的实质体现。跨文化交际脱离交际这一英语教学的核心，就失去了其存在的意义。倘若教学中的师生两主体缺乏强烈的交际意识，即不从交际的目的以及交际的形式出发去理解和把握英语教学的全过程，势必会削弱教学基本功能的发挥，影响学生跨文化交际能力的生成和提高。从教学内容和教学形式上看，就会有意无意地走"老路"，把注意力集中在纯语言知识的掌握或纯语言形式的教学上，而不去注重学生跨文化条件下综合运用语言能力的培养。因此，培养交际意识是首要任务。

（三）文化对比意识

即对目的语与母语、目的语文化与母语文化进行对比的意识。唯有对比方能发现差异，方可有的放矢地进行语言与文化知识的教学。对比不能仅限于表层的形式对比，还应该有深层的内涵对比；不仅要进行语言的对比，还要有非语言的对比；不仅要进行语言、非语言形式与意义的对比，还要作言语交际行

为的形式与意义对比。对比的目的主要是发现异同，以便跨文化交流顺利进行。

(四) 对文化敏锐的洞察力

语言或语言使用中包含着许多文化因素，有些是显性的，但更多的是隐性的，属深层次的文化背景知识。教学中若对此缺乏应有认识，就难以揭示语言中深刻的文化内涵。这就要求对文化因素要有相当的敏感度，尤其是对文化相关现象的洞察，切不可被貌似相同的形式和相同的意义等表面现象所迷惑。另外，洞察意识还要求正确区分出教学中两种不同功能的文化因素，即什么是知识文化，什么是交际文化，以便有针对性地进行交际文化教学。当然，是否有洞察意识还取决于师生两主体本身文化素养的高低。因而，只有大力提高自身的文化素质，尤其是两种语言与文化的素质，才是确保具备洞察意识的关键。

(五) 文化鉴别能力

它包括两个方面：一是去伪存真，二是去粗取精。所谓去伪存真，就是从纷繁多样的文化因素中，去掉虚假的、表面的东西，而保留真实的、典型的东西。也就是说，对于交际文化因素要选择那些具有真实和典型意义的部分，即能如实反映所学语言国现实的材料，而不是虚假的或孤立的、属个别现象的材料。所谓去粗取精，就是通过有目的的选择，除去文化因素中消极的糟粕的部分，而留取积极的、精华的部分。这一点至关重要。因为语言除有交际功能、文化载蓄功能外，还有其特有的教育教养功能。切不可不加分辨，一味地照搬照抄，对于西方文化应有足够的鉴别能力。

(六) 存我意识

英语教学中通常会出现"文化化"现象，即自觉不自觉地用目的语文化的思维方式和表达方式来"规约"自己的言语行为。究其原因，是因为学习英语几乎每时每刻都要理解生活在另一种文化中的人所致。当然，单从掌握语言的角度看这是对的，也是英语教学的目的所要求的，但若从文化角度看就不一定合适了。失去自我文化而一味地追求目的语文化，绝不是正常现象。跨文化交际是语言与文化的双向交际，但完全失去"我"文化的交际岂不变成了单向文化交际。因此，英语教学中保留一定的自我文化是必要的，大可不必去以牺牲自我文化而求取目的语文化。在这方面，教师要进行正确引导，使学生具有"存我意识"。

三、跨文化交际意识培养中文化教学的实施方式

（一）教师的讲解与展示

一般来讲，英语教师在课堂上的讲解与展示是必不可少的，但是文化教学绝不是只限于以教师为中心的教师讲解活动。学生从彼此之间或者从英语文化成员身上学习到的文化知识要远远多于其从教师本身处所学习到的文化知识。教师在课堂上所扮演的角色不应该是滔滔不绝的演示者，而是要成为一系列不同的文化教学活动的组织者和倡导者。

（二）欣赏音乐

音乐本身就是一种国际化的语言，它能够引导学生更好地学习新的语言并了解新的文化。课堂音乐活动可以包括唱歌、写歌、观看音乐剧、欣赏英语文化中不同类型的音乐，甚至学习演奏英语文化中的某些乐器。

（三）文化模拟

任何形式的文化模拟活动都可以帮助学习英语的学生认识并了解英语文化。这样的活动同样也可以帮助学生分析跨文化交际过程中产生的误解与隔膜。文化模拟活动可以提供给学生一个相对安全舒适的环境，他们可以在没有压力的情况下，呈现出并及时发现文化和语言上的错误。

（四）调研性的文化学习活动

这一类型的活动是由学生自行选取或设计的，可以以个人的方式进行，也可以以与他人合作的方式进行。这样的活动可以在大学层次的第二语言学习课堂中使用，由学生自行实施的典型活动，包括讲解如何准备英语文化中的某些菜肴；对英语文化成员就某些问题进行正式或非正式的采访或调查；简要地研究英语文化中某一时期的音乐风格；欣赏英语文化中典型的体育赛事；搜集有利于学生了解英语及其文化的习语、格言等。这些课堂活动一般都采取学生自行设计的形式进行，有时教师也可以给学生提供启发，再由其进行进一步的发挥与创新。

第三节　跨文化交际能力的基本要素

一、斯皮茨伯格跨文化交际能力模式中的要素划分

布瑞恩·斯皮茨伯格（Brain Spitzberg）提出，跨文化交际能力的模式中含有三个系统：个人系统、情节系统和关系系统。① 个人系统包括个人所拥有的所有对完成有效交际有帮助的特点，主要包括动机、知识和技能三个方面。情节系统包括使某个交际者在特定交际情节下与另一交际者成功交际的特征。关系系统不仅仅对某个特定情节有帮助，而是对整个关系范畴有帮助的部分。三个系统相互联系，层层递进。个人系统是情节系统的基础，情节系统的总合构成了关系系统。交际者具备了良好的个人系统，就更有可能在特定情节下进行成功的交际。如果在多数情节下都能进行成功的交际，那么他也就具备了良好的关系系统。

二、米迦勒·拜拉姆跨文化交际能力模式中的要素划分

米迦勒·拜拉姆（Michael Byram）针对二语/外语学习者提出了他的跨文化交际模式，他把跨文化交际能力分为五个维度，并将每个维度以学习目标的形式描述出来，这是拜拉姆模式有别于其他模式的一大特点。② 拜拉姆从以下五个维度对跨文化交际能力进行了描述。

（一）知识

具备本国及交流对象所属国家的社会群体及其社会产品和行为的知识，了解一般社会和个人交往过程的知识。目标包括具备如下知识：本国和交流对象所属国之间过去和现在的关系，不同文化背景的交际者产生误解的原因类型，本国重要历史事件及他国对这些事件的看法，他国重要历史事件及本国对这些事件的看法，本国的地理空间的官方表述及他国的对此界定方式的看法，交流对象所属国的地理空间的官方表述及本国对这种界定方式的看法，本国和交流

---

① 阮桂君.跨文化交际与实践［M］.武汉：武汉大学出版社，2017：133.
② 阮桂君.跨文化交际与实践［M］.武汉：武汉大学出版社，2017：133.

对象所属国的社会化进程和制度，本国和交流对象所属的社会阶层划分及其主要标志，交流对象所属国的社会交往过程。

（二）解读和联系的技能

解读另一文化中某一文献或事件，并将其与本国文化中的文献或事件相联系的能力。目标包括具备如下能力：发现文献或事件中的民族优越感，并能解释其来源；发现交际活动中的误解和障碍，并能在所涉及的不同文化系统中加以解释；对某些现象的矛盾解读进行调解。

（三）发现和交际的技能

学习新文化和文化行为的知识的能力，并能在实时交流和互动的框架下运用知识、态度和技能。目标包括具备如下能力：能从交际对象获得关于某些文献或事件的观念和价值，并能发展出一套解释其他现象的系统；能在某文化内或某些不同文化间发现重要引证，并得出其重要性和内涵；能发现语言和非语言交际过程中的异同点，并在特定环境中恰当应用；在实时交际过程中能恰当运用知识、技能和态度与来自其他国家和文化的人交流，并能考虑到对该国、该文化、该语言现有的熟悉程度和与本文化间的差异度；能发现本国与他国和社会的历史联系和现今的关系；实时交际中能运用知识、技能和态度在来自本国和外国文化的人之间进行调解。

（四）态度

好奇心和开放度，能兼容其他文化，不固守本国文化。目标包括具备如下态度：乐于寻求和利用机会在平等的关系中与他人交流，不以猎奇和营利为目标；不论是否熟悉，都乐于从本国和他国文化及文化行为现象中发现新的观点和看法；自发地对身边的文化行为和文化产品的价值及预设提出质疑；乐于遵守语言和非语言的交际规则和惯例。

（五）批评文化意识/民主教育

以批评的视角和明确的标准评价本国和外国文化的观点、行为和产品。目标包括具备如下能力：能在本国和他国文化的文献和事件中找出并诠释直白的和暗示的价值观；对具有清晰社会文化观念和标准的文献和事件能做评判性分析；能根据清晰的标准进行跨文化交往和调解，在必要时，通过运用自己的知识、技能和态度协商达成双方都能接受的共识。

跨文化教育应该培养学习者强烈的文化批评意识，使其能够以开放、灵活、有效的方式进行跨文化交流，使其在跨文化交际中建构自我认同。最终的目标是使学习者能够根据来自自身文化和其他文化的外在显性标准、洞察力、实践和结果来客观评判文化问题。文化批评意识可以从教育中获得。这里指的教育既包括校内的教育，也包括校外的教育；校内的教育又分课堂教育和第二课堂的教育。要培养学生的跨文化意识和交际的能力，就要使学生能在一个模拟的多元文化环境中吸纳更多的知识。

三、贾玉新跨文化交际能力模式中的要素划分

（一）基本交际能力

1. 语言和非言语行为能力

语言能力指交际者对语音、词汇和语法知识掌握和运用的能力。非言语行为能力指对身势语（包括姿势体态、面部表情、目光等）、人体特征、物品（项链、手表等）、环境、时间和沉默等使用的能力。

2. 文化能力

文化能力包括相关的交际知识：

（1）与任务相关的程序；

（2）获取信息的技能与方略；

（3）处理不同的人际关系、扮演不同的社会角色、承担不同的社会身份、处理不同的社会情景与场合的能力；

（4）具备交际者所必备的素质，如自我调节、对文化差异高度敏感、对非言语行为有高度的意识性；

（5）（交际）文化取向、价值观、世界观、生活方式等有关知识的了解。

3. 相互交往能力

（1）言语行为能力（言语的社会功能、言语对情景的适应性规则的掌握）；

（2）交往规则或语用规则。

4. 认知能力

认知过程至少由三个相互关联的阶段构成：描述、解释和评价。如果不能正确区分这三个重要阶段，就会造成交际失误。

在交际过程中，描述是指交际者对观察到的对方的行为进行客观的叙述，不允许对其客观行为进行评价和赋予任何社会意义；解释则是对所观察到的行为进行加工并赋予意义。评价是对解释赋予积极或消极的社会意义。这里值得注意的是，对任何行为的描述都可能产生不同的解释，而对同一行为的评价也

不会是完全一致的有的评价可能是积极的，有的评价可能是消极的。

(二) 建立情感和关系的能力

1. 建立情感的能力

建立情感的能力主要指移情能力。移情能力是指跨文化交际者以对方的文化准则为标准来解释和评价对方行为的能力。因此，移情者（指交际者）不是以自己的经验和文化准则作为解释和评价别人行为的标准，他必须设身处地、将心比心、推己及人。

移情包括言语语用移情和社会语用移情。言语语用移情指交际者运用语用规则和文化习惯，刻意对听话人表达心态和意图，而听话人从说话人的角度准确领悟话语之用意。社会用语移情则指交际者完全设身处地、将心比心、推己及人地以别人的文化准则为标准来解释和评价别人的行为。

2. 建立关系的能力

(1) 交际双方应能够满足彼此自主和亲密交往的需求。

(2) 相互吸引的能力。相互吸引是建立良好关系的基础，交际以产生共识为前提而共识又涉及文化取向、价值观念等方面的共享，共识能进一步强化未来的交际。

(3) 交际者以适应对方来代替群体或民族中心主义。第一，交际者用言语或非言语行为向对方表示关注（如目光接触、提问题、必要的体态行为等都可以用来作为适应对方的手段）；第二，齐心协力，反应敏捷及时，避免突然插话，积极提供信息反馈，话题转换顺其自然；第三，交际者尽量做到自我展示，以让对方了解自己，包容文化、情景、环境的差异；第四，交际者具有处理和解决焦急、挫折、文化冲突、社会隔离、经济危机等心理和社会障碍的能力；第五，交际者应具有在不同场合下富有创造性、灵活机动、随机应变的能力。

(三) 情节协调能力

世界上几乎每一种文化的成员都有一套独特的交际信号，一套向交际者表明要结束正在进行的谈话、开始转入新的话题或改变正在进行的谈话内容的信号。其中大多数信号都是约定俗成的，然而，有些则是有理有据的。如果这些信号能帮助交际者协调彼此间的行为，那么它们就具有实用意义。

关于规则和如何超越规则的讨论，可以为交际者如何协调和结束情节行为提供系列可供选择的变量。但这些规则会因文化、群体、区域、民族、性别、职业等方面的不同而有差异。在人际交往时，交际者要根据不同对象，选择不同方略，以使自己立于不败之地。

(四) 交际方略策划能力

策划能力是交际能力的一个重要组成部分。策划方略是在交际过程中，因语言或语用能力有缺陷或达不到交际目的或造成交际失误时所采用的一种补救措施。当交际者受到了语言能力或语用能力的限制，但仍然期望达到成功交际时，可采用以下方略进行补救。

1. 语码转换策略

语码转换可用于词汇或篇章方面。当用于词汇方面时，这种转换也称为转借。转换语码可以从交际双方共享的一种语言中选择。

2. 近似语选择策略

近似语选择策略是指选用语义近似的词语或语篇填补因语言障碍所造成的空白。

3. 合作策略

合作策略是交际双方共同解决交际失误或失败时所采用的方略。交际双方使用已知的语言知识、语用规则和文化知识等共同解决困难。

4. 非言语策略

非言语策略是指交际双方使用身势语等手段帮助解决交际中出现的问题的方略。

总之，在人际交往时，由于语言能力和语用能力较差或临时出现交际障碍时交际双方可通过以上方略，实现成功交际。

第四节　培养学生跨文化交际能力的方法

一、导入英语国家的文化背景知识

语言是文化的载体。通过学习一门外语，学生可以了解异国的文化与社会，有利于学生在将来的多元化社会中学会理解他人、尊重他人。语言又是文化的写照，不仅反映文化的形态，而且语言结构部分或全部地决定人们对世界的看法。语言和文化是密不可分的，人们用语言来记录和评价客观事物，语言的应用无不受到文化体系的影响和制约。因此，要掌握两种语言，必须掌握两种文化。跨越目的语国家的文化障碍，才能做到交际的得体与妥当；提高语言语用能力，才能从真正意义上实施素质教育。反之，学生会因语义、语用及思维习惯和文化习惯的差异在交际中出现失误与不得体。

在英语教学中，文化是指所学语言国家的历史地理、风土人情、传统习惯、生活方式、文学艺术、行为规范、价值观念等。接触和了解英语国家文化有益于对英语的理解和应用，有益于加深对本国文化的理解和认识，有益于培养世界意识。英语教师应根据学生的年龄特点和认知能力，逐步扩展文化知识的内容和范围，使学生了解英语国家文化及中外文化的异同；教学中涉及的英语国家文化知识，应与学生身边的日常生活密切相关，并能激发学生学习英语的兴趣。教师要通过扩大学生接触英语文化的范围，帮助学生拓宽视野，使他们提高对中西文化异同的敏感性和鉴别能力，进而提高跨文化交际能力。

二、加强汉语文化意识的培养

成功的跨文化交际者需要首先了解自己，了解本国的文化，才能对周围的事物产生自己的见解。注重学生跨文化交际能力的培养，并不是意味着进行西方文化的单纯输入，忽视学生汉语文化意识的培养，二者应同时进行。一个人的自身文化素质水平在很大程度上决定了对第二语言的理解程度。因此，汉语文化水平的高低直接决定了英语文化水平的高低，特别是在翻译方面，如果没有一定的汉语文化功底，如何翻译出优秀的外国文学作品。只有加强汉语文化意识的培养，才能具有理解和掌握英语文化的能力。所以说，培养跨文化交际能力不仅要加强英语文化意识的培养，更要加强汉语文化意识的培养。

三、增强文化认同

在英语教学中，常常出现多数学生虽然能写出并讲出符合语法规则的句子，但表达方式往往不恰当或不得体的现象。究其原因，这些不恰当或不得体的句子违反了所学语言的文化规则，导致交际失误。其主要根源是交际双方没有取得文化认同。

文化认同意指个体对于所属文化以及文化群体内化并产生归属感，从而获得、保持与创新自身文化的社会心理过程。文化认同包括社会价值规范认同、风俗习惯认同、语言认同、艺术认同等。当今世界，全球化空前地拉进了各国家、各民族之间的距离，每一民族在发展自身文化的同时，都在有意或无意地进行着与其他文化的交流和互动，人们对本己文化和异己文化的异同之处不断加深理解和认识。在这一过程中，彼此间一方面在寻找共同话语，放弃或改变原有的一些观念和行为方式，以达到求同存异；另一方面又在加固着本民族文化的认同,以求民族文化有存在的根基,这即是费孝通先生经常告诫的要加强文化自觉。这在跨文化交际中文化认同是相互的,人类需要这种相互的文化认同,以便超越文化交流的重重障碍。文化认同是人类对于文化的倾向共识与认可,是人类对自然认知的升华,是支配人类行为的思想准则和价值取向。因此,文化认同可以被认为是指导跨文化交际的语用原则。

跨文化性或多元文化主义意指关于不同文化的认识和理解,以及在国内各种文化成分之间和世界各国不同文化之间建立积极的交流与相互充实的关系。各个现代国家必须不同程度地面临多元文化现象。跨文化教育或多元文化教育要能促进对文化多样性的尊重、相互理解和丰富,这不仅为多元文化做出了权威性释义,也为人们对民族文化、世界文化的认同提供了认识方向。

坚持以多元文化观为文化认同的价值取向,其目的正是为了帮助学生理解自己的民族文化和享有应有的文化尊重,并在认同本族文化的基础上,树立平等的、包容的、尊重的文化观,并从中吸取精华部分,以便获得参与未来多元文化社会所必需的价值观念、情感态度、知识与技能、有和平共处及维护文化平等和社会公平的意识和信念。

经济全球化、文化多元化,使跨文化交际成为时代的特征,不同国家不同民族间的交际或交流活动更加频繁。跨文化交际是在不同文化之间进行的交际,交际双方分属于不同的文化群体。这就意味着交际双方对彼此的文化身份有明确的认知,交际者非常明确我们是谁、他们是谁,明确在文化群体意义上是谁在和谁进行交际。如果交际者不能确认对方属于哪一个文化群体,不能确定彼此的文化身份,就不能构成跨文化交际活动。这是由于交际主体基于对本民族文化与异质文化的价值判断,会产生对文化差异性的认识和对本民族文化的认同。交际时交际主体会站在一定的立场上,或者说交际主体会无意识地进行文化比较,选择自己的文化立场。通过文化比较,交际主体会产生强烈的自我认同感,而恰恰是这种文化比较使文化身份认同问题得以凸显。因此,探索跨文化交际中的文化身份认同问题,对于提高跨文化交际的有效性具有十分重要的意义。

四、正确发挥英语教材的作用

英语学习的教材选择同样是一个不能忽视的方面。一部好的教材指的是既包含所学习外语的语言知识,又包含其语言的运用知识和文化背景知识,对此,我国外语界人士都已充分认识到文化在跨文化交际语言使用中的重要性,各大高校的英语专业都相继开设了英美概况、英美文学、哲学等课程,在提高学生英语能力的同时,扩大学生的视野。但略有缺陷的是,上述所提到的文化教学大多是关于英语国家政治、历史、文学、经济等方面的知识,即"成就文化",而对于在英语实际性的交际活动中受文化影响最大的"行为文化"涉及的是少之又少,甚至是根本不提,导致的结果是学生在跨文化交际能力的培养方面成效甚微。高校英语专业有关跨文化交际能力的课程改革已经是迫在眉睫,必须马上制定相关的课程安排,并将改变付诸课堂的实践教学中,如此培养的英语专业的毕业生才能够顺应时代和社会发展的需求。

在课堂教学的实践教学活动中,授课教师在关注教材内容的同时,也要采用切实可行的教学方法,使书本上静态的语言素材活泼起来,通过事实例句,引导学生自己来发现母语和英语的相同和不同点,认识两种不同语言中所隐含的不同文化和价值观念。在这个基础上,让学生自己总结并且真正认识到语言深层的交际是使用得体的语言形式进行交际,而不只是语言形式的交流。授课教师要时刻牢记教材是课堂教与学的基础,它是为教学服务的。通过教材提供的语言素材,师生采用教、学互动的方式,提高课堂知识输入量,在有效的时间内吸收外国优秀文化的精华。

五、消除母语负迁移,发挥母语正迁移作用

其实,从本质上来说,学习一个民族的语言,就是对这一民族的文化的学习。英语的学习,就是在对中西方文化的学习与交融过程中,以中国学生早已有的母语文化知识为基础,导入英语民族的文化知识内容,从而使其具有双语表达的能力。并且在此过程中,对于两个民族的思维方式等方面的差异性产生较为深刻的认识与理解。学生的本民族语言文化,是早已深入到学生的头脑之中的,在此基础上,文化的迁移作用,必然会发生在英语的学习过程中。那么,在英语的跨文化教学中营造一种合适的语言文化氛围,在突出语言知识技能的同时,也能够更好地强调其客观的文化背景、交际环境以及思维方式等方面的差异性学习,从而使学生真正进入到跨文化交际中时能够得体地使用英语进行交际,避免文化冲突矛盾与交际的尴尬,这是当前英语教学急需解决的问题。

学生在进行学习的过程中,本身已经拥有的知识必然会对其学习新的知识内容产生一定的影响作用,这就是所谓的知识的迁移作用。那些能够促进新知识内容学习的迁移,被称之为正迁移,那些对于新知识的学习产生阻碍的迁移作用,被称之为负迁移作用。语言学习者在学习过程中产生的母语负迁移,就是英语学习中犯错误或者是产生障碍的原因。

文化负迁移的主要表现,就是在跨文化交际过程中语言使用的不得体性。这种不得体性就是跨文化交际不能顺利进行、发生矛盾冲突的原因所在。对于母语的迁移作用应给予足够的重视，因此，在英语教学的过程中，应有意识地提升英语学习者的文化素养，对于英语民族的文化知识内容进行认真的学习与理解，从而增强语言敏感性，以消除母语文化的负迁移作用，这对于学生跨文化交际能力的培养具有重要的意义。

基于此，就需要在进行英语跨文化教学时，努力预测可能发生的母语文化的负迁移作用，在对英语民族文化同母语文化的比较分析过程中，尽量减少母语文化的负迁移作用，积极并充分地利用母语文化所具有的正迁移影响，从而提升学生的跨文化交际能力。

六、创设英语交际的文化语境

学生在运用英语的过程中经常出现这样的情况：或者对于所读、所听的英语词汇并不生疏，但却搞不清整个句子的确切含义，或者不知不觉地说出不符合英语习惯的表述方式。究其原因，就是学生不了解英语交际的文化语境，不了解英语语言所赖以存在和发展的文化背景，如传统礼仪、风俗习惯、风土人情等。学习英语的终极目的是用英语进行交际，如果不能用英语得体地表达自己的思想，促进与他人的沟通，就不能说真正学会了英语。因此，在学习英语语言知识、培养英语语言技能的同时，必须充分注意英语文化语境的作用。忽视了这一点，就难以正确得体地运用英语。

在日常对话中，学生最容易出现语用错误，因为对话涉及交际用语的规范使用以及礼仪习俗等。因此，除了让学生记住相关的交际用语、向学生传授必要的文化背景知识外，还应该设置特定的交际语境，灵活选用适当的训练方法，鼓励学生进行言语实践活动。例如，学习如何问路时，教师将所在市区的主要街道、商店、车站、邮局等建筑物画成形象直观的示意图，让学生分别扮作旅客和民警，进行问路、指路的情境对话；在教授如何购物时，可将教室布置成文具店、鲜花店、水果店、服装店等，让学生扮演顾客、店员等各种角色，从中体验人物的情感活动；在教授圣诞节的庆祝活动时，可将教室中间放上圣诞树，四周挂上彩色气球、艳丽鲜花、卡片等，墙上贴上"Merry Christmas"等图片，以烘托节日气氛。在这样的英语语境中，学生自然会潜移默化地获得跨文化交际的语言能力。

七、增加学生课堂互动的机会

培养跨文化交际能力最直接的方式就是口头言语的直接来往，这样的交际不仅要考验学生的语言知识储备，同时也是对学生临场应变、思维转换语境选择、交际身份判断等能力的考察。一直以来的英语教学中，学生的语言知识储备都是强调的重点，所有的教学活动都围绕语言知识开展，由此便形成了灌输式的英语教学模式。虽然这种教学模式对语言知识掌握有较好的帮助，且积累了众多经验，但是这对于学生各种跨文化交际能力的培养并没有给予足够的帮助。在这种教师主导、学生被动学习的教学模式中，教师是主导角色，课堂教学基本是"一言堂"，师生之间很少互动，学生和学生之间的实际演练也很少，跨文化交际能力所涵盖的语境选择、交际身份判断等知识更多的是教师的知识灌输。

语言知识要输入，更要输出，通过输出相关语言知识才能内化为学生自身的知识素养，并和学生原有的知识结构有机结合。当前英语教学中的学生互动参与意味着学生所学的知识难以在互动中增加体验，不利于学生对相关知识的理解和掌握。要促进相关跨文化交际能力培养必然要在教学中增加学生的互动，使学生真正参与到教学活动中，而不是被动地识记各种语言知识信息。增加英语教学中的学生互动，一般通过以下几种方式来实现：第一，教师在组织教学活动时，引导学生更多地参与到教学活动中，而不是充当教学活动的旁观者；第二，在课堂教学中鼓励学生与其他学生的互动，由于在课时有限、学生人数众多的情况下，很难使所有的学生都能够参与到教学活动中，因此，可以通过学生与学生之间的互动来增加互动机会。

八、积极开展英语课外活动

课外活动是英语教学的一个有机组成部分，也是英语教学改进的有效途径。相较于英语课堂教学的知识传授，英语课外活动更多的是相关语言知识的应用。英语学习的目的就是交际应用，通过英语课外活动的开展可以有效培养学生的学习积极性，同时也能使学生在语言应用方面的能力得到提升。在这一点上，英语课外活动和跨文化能力培养目标是一致的。英语课外活动多种多样，做好课内教学和课外教学的结合是课外活动的关键。课外活动的开展主要是形成各种各样的语言环境，这一点和情景模拟有区别也有共同点。创设多样化的模拟情境是通过对西方文化中的各种情境进行模拟，使学生足不出户便可感受到西方文化情境。开展各种各样的课外活动不仅包括对西方文化情境的模拟，同时也有对现实各种情境的创新，例如，各种英语朗读比赛、单词接龙比赛、说英语比赛等，形成了新语言情境。在这些新的情境中，学生需要充分调动自己的知识储备，灵活运用各种语言技巧，有效培养学生的知识应用、情境选择等方面的能力。英语课外活动形式多样，各种形式的课外活动不仅有助于英语听说读写能力的提升，也有助于各种英语跨文化交际能力的培养。

虽然当前英语教学中也会开展一些课外活动，但是相较于跨文化交际能力培养的需求而言，现有的英语课外活动在数量上显然是不够的，因此，积极开展英语课外活动也是跨文化交际能力培养导向下英语创新的应有之举。另外，由于过去语言知识能力培养的教学目标导引下的英语课外活动主要是为学生的语言知识能力提高服务，在活动形式和活动方法上还有一定欠缺，基于跨文化交际能力培养的英语课外活动还需要在形式和方法方面进一步解放思想，灵活创新。

九、细化跨文化交际能力的考核评估

考核评估有评定、甄选等功能，教学目标是教学评价的依据，教学目标是方针，考核评估是引领。由于考核评估涉及教学成果评估、人员选拔等重要事宜，因此，考核评估涉及的事项都是学科教学中被重视的内容。由于之前英语教学被视为语言知识学习，英语教学的考核评估自然也是相关英语知识技能的掌握，如当前书面考核和听说考核主要是以语言知识和语言能力为主，因此，当前较为强调的写作考核主要是对语言词汇的连贯使用进行考核，而听力考试则是对学习听说能力的考核，各种方式的考核都是以语言知识能力的掌握为依据。当前，英语教学评价体系对于语言知识的重视是由于之前英语教学的语言学习定位所致，因此，随着跨文化交际能力培养成为英语教学的主要任务，英语评价考核也需要随之进行调整，才能和教学目标相呼应，更好地发挥评价的导向、反馈、激励、鉴定等功用。

跨文化交际能力内涵丰富，包括语境选择能力、转变思维能力等，从认知、情感到行为，跨文化交际的多样化和多种形态表现，意味着在考核评价体系中对各种能力的考核也需要针对性地设置各种评价指标和标准，使各种能力都能得到具体真实的评价。科学合理的评价可以推动跨文化交际能力的培养，相反，笼统宽泛的指标设置不但不能体现教学对跨文化能力的真实状况，同时也不能形成真实的信息反馈，促进教学过程的改进，最终影响学生跨文化交际能力的提升。从跨文化交际能力培养的目标出发，英语教学的评价体系必须进行合理调整，扩展评价内容，使跨文化交际能力的相关能力都成为评价体系的一部分。另外，还要根据跨文化交际能力的不同能力方向，采用灵活的评价方式，使学生的各种能力都能得到合理客观的评价。

参考文献

[1] 何继红,黄立鹤.一体化与多元化的英语教育［M］.上海:同济大学出版社,2017.

[2] 郭娟.外语教学与语言文化［M］.长春:吉林文史出版社,2017.

[3] 陈俊森.跨文化交际与外语教育［M］.武汉:华中科技大学出版社,2006.

[4] 贾玉新,刘长远,宋莉副.跨文化交际理论探讨与实践［M］.上海:上海外语教育出版社,2012.

[5] 张健坤.跨文化交际英语教学与研究［M］.北京:冶金工业出版社,2019.

[6] 王晓玲,曹佳学.跨文化大学英语教学理论与实践［M］.成都:西南交通大学出版社,2015.

[7] 佟靖.全球语境下中国英语本土化教学研究［M］.沈阳:东北大学出版社,2015.

[8] 张全,范应红.英语教学改革理论与实践研究［M］.昆明:云南大学出版社,2014.

[9] 俞碧芳.大学英语口语的实证研究［M］.厦门:厦门大学出版社,2014.

[10] 吴楠.大学英语教学研究与实践［M］.北京:外文出版社,2014.

[11] 赵静.文化视角下的大学英语教学研究［M］.武汉:湖北科学技术出版社,2014.

[12] 周晓玲.网络环境下大学英语教学改革理论与实践2［M］.苏州:苏州大学出版社,2013.

[13] 陈许,李华东.高校外语教学研究与思考［M］.杭州:浙江大学出版社,2013.

[14] 邓东元,张兵,郑艳萍.大学外语教育改革研究［M］.昆明:云南人民出版社,2013.

[15] 陈品.大学英语教学理论与实践［M］.天津:南开大学出版社,2013.

[16] 华先发，杨元刚．翻译与文化研究［M］．武汉：长江出版社，2013．

[17] 王芳．英语教学策略研究［M］．济南：济南出版社，2013．

[18] 王乔英，武敏，张晓航．当代多元文化与英语教学探索［M］．北京：光明日报出版社，2013．

[19] 赵文博，姜洋．大学英语教学改革理论与实践［M］．北京：外文出版社，2013．

[20] 余志应，秦伟，刘虹．跨文化视野下的现代英语教学探索［M］．北京：光明日报出版社，2013．

[21] 郭鸣鹤，于慧莹．大学英语教学改革多元视角探索［M］．哈尔滨：黑龙江科学技术出版社，2013．

[22] 李进．跨文化语用失误视角下的英语教学［M］．成都：西南交通大学出版社，2013．

[23] 陆巧玲，周晓玲．网络环境下大学英语教学改革理论与实践［M］．上海：上海交通大学出版社，2012．

[24] 张鑫．英语教学的理论与实践［M］．北京：知识产权出版社，2012．

[25] 曹湘洪．新课改背景下的英语教学理念与实践［M］．北京：科学出版社，2012．

[26] 陈许，郭继东．高校外语教学的理论探索与实践创新［M］．杭州：浙江大学出版社，2011．

[27] 仝品生，罗蓉．外语教学理论与实践研究［M］．昆明：云南大学出版社，2011．

[28] 金国臣，李玉梅，武晓燕．现代大学英语教学研究理论、方法与策略［M］．北京：石油工业出版社，2010．

[29] 肖仕琼．跨文化视域下的外语教学［M］．广州：暨南大学出版社，2010．

[30] 戴炜栋．全球化背景下的中国外语教学创新与发展［M］．上海：上海外语教育出版社，2010．

[31] 金真，张艳春．跨文化交际英语［M］．上海：上海交通大学出版社，2015．

[32] 单晓晖．跨文化交际基础［M］．北京：对外经济贸易大学出版社，2015．

[33] 冯艳昌．语言·跨文化交际·翻译［M］．北京：中央翻译出版社，2012．

[34] 马晓莹．跨文化交际理论与实践研究［M］．石家庄：河北科学技术出版社，2013．

[35] 杨勇萍．跨文化交际与英语文化教学［M］．太原：山西人民出版

社，2012.
[36] 钟晓红，马菡．新世纪大学英语教学探索［M］．成都：四川大学出版社，2015.
[37] 李争鸣．大学英语教学探索与实践［M］．北京：对外经济贸易大学出版社，2013.
[38] 贾玉新．跨文化交际理论探讨与实践［M］．上海：上海外语教育出版社，2012.
[39] 樊葳葳，陈俊森，钟华．外国文化与跨文化交际第2版［M］．武汉：华中科技大学出版社，2008.
[40] 张红玲．跨文化外语教学［M］．上海：上海外语教育出版社，2007.
[41] 李战子．跨文化自传与英语教学［M］．北京：高等教育出版社，2007.
[42] 李莉文．大学英语教学与跨文化能力培养研究［M］．北京：外语教学与研究出版社，2017.
[43] 高永晨．文化全球化态势下的跨文化交际研究［M］．南京：东南大学出版社，2006.
[44] 李成洪．英语教学与跨文化传播［M］．沈阳：东北大学出版社，2013.
[45] 李清平．跨文化交际能力框架构建及大学英语教学改革［J］．外语与翻译，2018（2）．
[46] 孙艳波．关于大学英语教学改革与跨文化交际能力培养策略探析［J］．校园英语，2018（22）．
[47] 杨波．大学英语跨文化交际能力培养体系和路径的选择［J］．大众文艺，2018（14）．
[48] 石帅．多元文化背景下大学英语跨文化教学途径探讨［J］．产业与科技论坛，2018（15）．
[49] 蒋双华．浅谈跨文化交际在高校英语教学中的有效渗透［J］．海外英语，2018（20）．
[50] 华克清，李铭．基于大学英语教学的跨文化交际潜能开发［J］．大学教育，2018（5）．
[51] 杨洋．跨文化视域下高校英语教学改革研究［J］．经贸实践，2017（14）．
[52] 跨文化能力培养理念下的大学英语教学改革［J］．大东方，2017（7）．
[53] 朱熹．大学公共英语教学改革与创新教育探讨［J］．科技视界，2017（9）．
[54] 孙涛．跨文化交际与英语教学［J］．知音励志，2016（24）．

[55] 李丽君. 关于跨文化英语教学的探究 [J]. 高教学刊, 2016 (8).

[56] 侯亮. 英语教学与跨文化交际 [J]. 考试周刊, 2016 (34).

[57] 卢庆娇. 英语教学中的跨文化意识培养 [J]. 参花（下）, 2018 (4).

[58] 徐思园. 跨文化交流与英语教学 [J]. 湖北函授大学学报, 2016 (3).

[59] 孙唯一. 跨文化视角下英语教学的策略研究 [J]. 现代交际, 2018 (3).

[60] 朱杭飞. 英语教学中培养学生跨文化交际意识探究 [J]. 成才之路, 2018 (7).

[61] 刘献忠. 浅论英语教学中的跨文化教育 [J]. 中华少年, 2017 (12).

[62] 李伟. 跨文化交际与英语教学浅析 [J]. 知识经济, 2015 (12).

[63] 郑小琴. 英语教学的跨文化渗透 [J]. 师道（教研）, 2015 (6).

[64] 钮敏. 英语听力教学中学生跨文化交际能力的培养 [J]. 现代职业教育, 2016 (28).

[65] 王佳. 跨文化交际视角下高校英语口语教学分析 [J]. 校园英语, 2019 (21).

[66] 华克清, 李铭. 跨文化交际能力对英语综合能力的促进作用 [J]. 大学教育, 2017 (3).

[67] 王梦莹. 跨文化交际在英语听说演练中的渗透 [J]. 黑龙江科学, 2018, 9 (6).

[68] 王苇晗. 跨文化交际能力与大学英语阅读教学 [J]. 校园英语, 2019 (4).

[69] 甘惠侨. 跨文化交际能力与大学英语阅读教学 [J]. 海外英语, 2018 (22).

[70] 段文静, 赵征. 浅析跨文化交际能力与大学英语阅读教学 [J]. 英语广场, 2019 (8).

[71] 姜承琳, 谢双梅. 浅析英语写作教学中的跨文化交际能力培养 [J]. 世界家苑, 2018 (10).

[72] 李婧. 跨文化交际能力的培养对大学生英语写作的影响及实证研究 [J]. 校园英语, 2019 (16).

[73] 唐利芹. 大学英语写作与跨文化交际能力培养 [J]. 经营管理者, 2016 (8).

[74] 朱波. 跨文化交际视角下的高中英语写作教学 [J]. 中国科教创新导刊, 2011 (1).

[75] 王玮. 从跨文化交际的角度浅谈英语翻译的教学方法 [J]. 校园英语, 2018 (8).

[76] 彭丹丹.基于跨文化交际意识培养的英语翻译教学分析［J］.文教资料，2020（15）.

[77] 廖佩佩.英语翻译教学中跨文化交际能力培养的探索［J］.卷宗，2019，9（34）.

[78] 郭融融.探讨跨文化交际在英语口语教学中的应用［J］.现代经济信息，2018（36）.

[79] 张丹珂.基于跨文化交际的高校英语口语教学的创新模式［J］.新教育时代电子杂志（教师版），2018（29）.